30대에 꼭 알아야 할

돈 관리법 30가지

30대에 꼭 알아야 할

돈 관리법 30가지

정경애 · 임동하

매일경제신문사

머 리 말

인생에는 피해야 할 세 가지가 있다. 바로 초년 성공, 중년 불안, 그리고 노후 빈곤이다. 이 논리에 동의한다면 반대로 초년 고생, 중년 안정, 노후 풍요는 그야말로 꼭 추구해야 할 세 가지가 아닌가.

옛말에 젊어서 고생은 사서도 한다는 데, 초년에 고생하여 중년에 안정을 찾고 노년에는 부부가 함께 해외여행을 다닐 수 있을 만큼 경제적 여유가 생긴다면 그야말로 성공한 삶이 아닌가.

너무나 바쁜 생활에 지친 현대인의 삶에 '노후 대비'는 한가한 염불로 들릴지 모르겠다. 대부분의 30~40대에게 "노후생활에 대비할 계획은 가지고 있는가"라고 물어보면 "그 때 가서 생각해 보지" 또는 "글쎄" 등과 같이 전혀 남의 일로 생각하고 대답하기 일쑤이다.

현실은 전체적인 기대수명이 점점 연장되어 가는 고령화 시대를 눈 앞에 두고 있는 반면, 사람들의 노후생활에 대한 생각은 막연하기만 하다.

저금리 시대로 돌입하기 전, 보통 50~55세쯤 퇴직하면 집 한 칸 정도는 이미 마련되어 있고 퇴직금과 약간의 모아 놓은 금융자산을 잘만 운용하면 먹고 사는 데는 지장이 없었다. 그러나 지금은 먼 옛날의 좋았던 추억일 뿐, 평균 기대 수명의 연장으로 대부분의 경우 노후 소득 없이 생활하는 기간이 늘어났을 뿐만 아니라 기댈 수 있는 자녀에 의한 부양도 만만치 않은 형편이다. 이런 때일수록 되도록 이른 시기부터 '합리적인 돈 관리'가 필요한 것이다.

이 책에서는 우리 주변의 뼈마디 쑤시는 현실적인 재산 관리 문제와 대안을 종합자산관리의 현장 종사자로서의 경험을 모아 '사례'와 '돈 관리 조언(대안)'을 나름대로 제시하였다. 특히 젊어서부터 준비하는 노후대비라는 차원과 생활 속의 돈 관리라는 차원에서 주로 접근하였다.

이 책이 나오는 데까지 많은 분들이 도움을 주셨다. 집필진 외에 책이 출간되도록 배려해주시고 추천사를 써 주시며 격려해주신 하나은행 김승유 행장님, 윤교중 수석 부행장님, 심희원 상무님, 김준호 상무님, 김종준 WM본부장님과 여러 하나은행 임직원께 감사드리며, 많은 아이디어를 제공해주신 김성규 부장님을 비롯한 건강보험심사평가원 관계자 여러분께 진심으로 감사 드린다.

2003년 1월
정경애, 임동하

추 천 사

인터넷을 통해 다각적으로 정보를 흡수하고
있는 요즘시대에서 종자돈을 만들고 그 돈을 운용하는 방법을 배우
는 것은 결코 어렵지 않다. 하지만 정작 중요한 것은 바로 '실천' 이
다. 실천이 없다면 알고 있는 지식은 쉽게 찾아볼 수 있는 문서에
지나지 않기 때문이다.

한 개인의 라이프 사이클은 성장과 준비, 생산, 은퇴라는 3단계
로 구성된다. 이 책은 마지막 단계인 은퇴에 대비해 젊은 시절부터
미리미리 '돈 관리' 를 해야 한다는 데 초점을 두고 있다.

우리들 대부분에게 있어서 은퇴는 생에 있어서 가장 중요한 부분
을 차지하게 될 것이다. 그리고 '제대로 된 노후생활 대비' 란 적어
도 수십 년에 달하는 은퇴 후의 삶을 재정적인 어려움 없이 즐겁고
풍요롭게 맞이 할 수 있도록 젊은 시절부터 미리 준비하는 장기계
획을 의미한다.

보통 사람들은 국민연금, 기업연금, 개인연금과 각종 종신연금

등을 바탕으로 본격적인 노후생활을 시작한다. 또 좀 더 적극적으로 노후 생활을 준비하는 사람들은 여러 가지 연금자산과 투자자산 등 다양한 방법으로 노력하게 된다.

이 책은 금융기관의 일선현장에서 종합자산관리 서비스를 준비하고 실천한 영업 책임자들이 소비자 입장에서 풍요로운 '노후생활'을 하기 위해 젊어서부터 시행착오를 줄이고 보다 돈 관리를 잘할 수 있는 길을 제시해 주고 있다.

노령화 사회가 급속히 진전되고 조기은퇴가 일반화되면서 돈 관리 방법에 대한 논의, 기법의 규모와 성장속도가 향후 한층 더 빨라질 것이다. 금융환경 변화의 소용돌이 속에서도 고객의 행복에 이바지하기 위해 축적된 자산관리에 진력하고 있는 저자들의 열정과 노하우가 담긴 이 책이 독자 여러분에게 좋은 안내서가 되길 바란다.

하나은행장 김승유

1 30대의 착각

》 우리에게 내일은 없다. 단지 오늘과 빚만 있을 뿐! 2

5 보험과 연금만 챙겨도 부자가 된다

6 자녀에게 돈 교육을 시켜라

PART 1

30대의 착각

386세대여~ 재산 상속은 꿈도 꾸지 말라

현재 30대의 나이, 1980년대 학번, 60년대생. 이른바 386세대가 486세대로 전환되는 시점에 와 있다. 그 어느 때 보다 치열한 경쟁과 함께 격변을 겪은 이 세대에게는 선배 세대들에 비해 무척 터프한 미래가 기다리고 있다. IMF 금융위기를 겪은 후 그야말로 예전에는 미처 경험하지 못했던 직장 내의 파리 목숨과 함께 조기퇴직과 체감 정년 단축, 아울러 장수에 따른 노후자금 부족의 위험이다. 386세대를 위해서는 당연히 보다 현실적인 가정을 통한 계산이 필요하다.

지금 자녀들에게 동양의 전통인 '효'를 기대하여 자녀들의 부양에 기대어 산다는 것은 기대하기 힘든 행운이라고 해도 과언이 아니다. 30세가 되도록 부모에게 기대어 사는 캥거루 자녀들이 넘치는 사회 분위기에 현재의 자녀들이 성장해서 대학 교육을 마치고 취직하고 출가한 후 사회생활을 하면서 맞벌이를 하든 외벌이를 하든 자신들 먹고 살기도 힘들 텐데 부모 부양까지 기대하는 것은 거의 불가능한 현실이다.

최근 언론에 심심찮게 나오고 있는 재테크 관련 글들을 보면 하나같이 40세를 기준으로 일반적인 은퇴시기를 60세로 보았다. 또한 은퇴생활 시기를 85세까지로 보고 현재 필요로 하는 생활비를 연 복리 물가상승률 4%로 20년까지 환산한다. 다시 물가상승률 4%와 세후 투자수익률 6%를 감안한 물가상승 조정수익률(물가상승률을 감안해서 만든 실질 세후수익률, 즉 실질 이자율과 유사한 의미) 1.9231%로 다시 환산한 뒤, 은퇴시점(60세)에 필요한 일시금을 계산한 후 부족액을 산출하는 게 일반적이다. 이러한 계산에 의한 전형적인 계산법을 살펴보도록 하자. 단, 이러한 계산은 복리 계산으로 이루어지며, 재무용 계산기가 필요하다.

필요한 저축액 계산방법

(1) 직장에서 퇴직한 후 필요한 일시금: 물가상승률을 감안한 자금 일시금 미래 가치 계산

노후생활에 필요한 연간소득(현재 물가 수준)	24,000,000원
퇴직까지 남은 기간	20년
예상 물가상승률	4%
물가상승을 감안한 노후 필요자금의 20년 후 예상 가치	52,586,955원

(2) 퇴직 시기에 필요한 일시금: 노후생활 기간(60세~85세) 동안 물가상승률을 감안하여 계산

퇴직 후 첫 해 생활비 부족액	52,586,955원
노후생활 기간	25년
예상 투자 세후수익률	6%
예상 물가상승률	4%
25년 간의 노후생활을 위한 퇴직 후 첫 해에 필요한 일시금	
	1,055,934,523원

(3) 현재 가치로 환산한 목돈 필요금액:

퇴직까지 남은 기간	20년
물가상승률	4%
현시점에서 필요한 목돈	481,914,735원

(4) 첫 해에 필요한 저축액: 저축은 매년 말에 이루어진다고 가정

현시점에서 필요한 목돈	481,914,735원
퇴직까지 남은 기간	20년
세후수익률	6%
물가상승률	4%
물가상승률을 감안한 첫 해 저축액	20,785,861원

지금 현재 노후생활용 자금이 없다면 즉, 현재 시점부터 노후생활을 위한 목돈을 마련하기 위해서는 연간 2,000만 원씩 저축해야 한다는 이야기이다.

매월 현재 수준에서 200만 원의 생활자금이 필요하다고 가정하고 이를 위해 매년 2,000만 원 정도의 저축이 필요하다는 결론이 워크시트 계산법을 통해 도출되었다. 즉 월 160만 원 정도 쉬지 않

고 20년 동안 저축하면 노후생활을 그럭저럭 살아갈 수 있다는 이 야기이다.

나는 CFP 교재 편찬 공저자이자 강사인지라 다른 저자들과 함께 이 부분에 대한 강의를 자주 하게 된다. 그러다 보니 수강생들 중에 는 재테크 칼럼니스트들도 있다. 아마도 그 분들이 계산기 사용법 을 배우는 데 힘은 들었지만 이 수익률 가정이 유용하다고 판단되 어 자주 인용하는 것 같다.

하지만 이런 가정들은 20세기 미국인들의 전형적인 패턴이다. 정 보화 사회이면서 동시에 지식 근로자들이 우대 받는 시대에서 60세 에 은퇴하는 것은 그다지 의미가 없다. 장수의 위험에 직면한 이 시대 에 꾸준한 현금흐름에 의한 노후생활 대비라는 것이 어떻게 보면 의 미가 없다고 해도 과언이 아니다. 아울러 금융상품 중에서 금리형 자 산에만 의존하는 보수적인 현재의 은퇴 생활자들에게 물가상승률 가 정과 세후 투자수익률 가정도 현실성이 떨어진다. 또한 지금과 같은 저금리에 물가상승의 위험을 확산시키는 각종 요인들을 고려하면 실 질적인 물가상승 조정수익률 즉, 실질이자율은 0%라고 하는 게 보다 현실적이다.

386세대를 위한 가장 현실적인 가정은 38세를 기준으로 53세 정 도(이 정도는 운이 좋은 편에 속할지도 모른다)에 은퇴하여 그로부 터 30년 정도까지로 가정해야 맞는 것이 아닐까 싶다. 이런 가정을

한다면 계산의 결과가 확연히 달라진다. 표와 같은 방식으로 계산
(다만 물가상승률 4.5%에다가 세후 투자수익률을 연 4.5%로 가정
해보자)한다면 은퇴 시점에 필요로 하는 연간 필요자금은 4,645만
원 정도가 되고, 아울러 은퇴에 필요한 일시자금은 무려 약 14억 원
에 이른다. 현재가치로는 7억 2,000만 원에 해당하는 금액이다. 이
자금을 15년 안에 마련하려면 연간 6,400만 원을 저축해야 한다.
연봉이 6,400만 원이 되기도 힘든 판에 저축을 해야 하니 별도로
현재시점까지 여유자금을 비축해놓고 있지 않으면 정말 갑갑한 상
황이다. 세후 연봉이 적어도 향후 15년 동안 현재수준으로 계속 1억
원은 되어야 한다는 이야기가 아닌가.

　뿐만 아니라, 장수의 시대를 맞는 386세대의 노후에 닥칠 가장
큰 예상 지출은 병마가 가져올지 모르는 밑 빠진 독에 물 붓기 식의

의료비 지출이다. 병상에서 오래 있게 되면 그 기간 만큼 이중 생활비가 지출되는 셈이다. 수술, 간병, 약값, 입원비 등 통제나 조정이 불가능한 비용들이 쉴 새 없이 발생하게 되어 있다. 만약 30년의 은퇴생활 중 5년 이상의 병상생활을 한다면 10년 이상의 은퇴 생활비가 추가된다고 할 수 있다. 그렇다면 은퇴시점에 필요한 현금흐름은 18억 5,800만 원이고 이를 위해 매년 8,500만 원이 적립되어야 한다. 혹은 현재 9억 6,000만 원의 현재가치로 환산한 자산이 준비되어 있어야 한다.

월 200만 원을 지출하는 수준은 아주 사치스럽거나 화려한 수준이 아니다. 그럼에도 불구하고 현재 준비되어 있어야 하는 자금이나 아니면 매년 적립되어야 하는 돈의 규모는 동년배 상위권의 자산가나 고소득층에게나 가능한 일이다. 이렇게 어려운 판국에 자녀에게 상속할 것을 꿈꿀 수 있는 386세대는 아주 소수에 불과하다고 할 수 있다.

따라서 자녀에게 물려주지 않고 다 쓰고 죽기로 결심했다면 집도 노후생활을 위한 소중한 자산이 된다. 미국식으로 리버스 모기지 등을 활용한 현금흐름 창출과 경우에 따라 물가상승률을 앞지르는 값의 상승이 이루어진다면 든든한 노후생활의 기본적인 버팀목이 될 수 있다.

또한 노후생활을 연금이나 이자에 의존하지 않고 죽을 때까지 일할 것이라는 생각을 가지고 자신의 분야에 매진하는 것도 아주 중요한 대책이 된다. 저금리 시대에 근로소득이 이자소득보다 의미가 있기 때문이다. 미국의 어떤 조사연구 기관의 자료에 따르면 70대 중반까지 나이가 정신력에 영향을 미치지 않는다고 한다. 그 이후에는 단기 기억력이 감퇴될 뿐이다.

　죽는 날이 아니라 수입이 없어지는 날에 대비하자. 그리고 자녀가 상속 받을 재산에 대한 생각은 접는 것이 좋다.

30대에 앞으로의 인생을 계획하라

2002년 여름 휴가를 동해바다에서 가족과 보낸 뒤 집으로 돌아와서 생각에 잠긴 모 중견기업의 영업부 김 과장. 그는 과연 앞으로 가족을 제대로 부양할 수 있을까, 두 아이를 무난히 교육시키고 결혼까지 하게끔 한 후 편안한 삶을 살 수 있을까 하는 생각을 하니 앞길이 막막해진 느낌이다.

대략 20년 이후를 은퇴시기로 잡는 것은 요즈음 직장 분위기나 사회 분위기로 봐서는 이룰 수 없는 꿈이라는 생각이 들었다. 사전에 은퇴(隱退)는 '직임(職任)에서 물러남' 또는 '물러나서 한가로이 지냄'이라는 말로 정의되어 있다. 그러나 전문직 종사자도 아니고 그렇다고 넉넉한 여건도 아니고 월급을 받아 근근이 살아가는 처지인데, 이 추세로는 대책을 세우기 어려울 정도이다. 그나마 현직에

붙어 있는 것만으로도 감지덕지해야 할 상황이 아닌가? 아울러 이 것은 비단 김 과장에게만 한정된 문제가 아니다.

오늘날 우리나라의 평균수명은 남자는 72.3세, 여자는 80.9세이 다. 앞으로 고령화 정도는 더욱 더 심화될 것이라고 한다. 또 금융감 독원은 2002년 12월부터 새 경험생명표의 적용으로 보장성 보험료 가 크게 내린다고 발표했다. 새로 발표된 경험생명표에는 평균수명 의 연장 등으로 인해 사망률이 이전의 제3의 생명경험표에 비해 남 자는 30.5%, 여자는 33.7% 낮아졌다. 이로 인해 사망과 관련된 종신 보험, 정기보험 등은 10~30% 정도 보험료의 인하가 예상되며, 연금 보험은 생존율의 증가로 오히려 5~10% 정도 인상될 것으로 보인다.

최근 신문지상을 주의 깊게 살펴보면 노후생활과 관련한 각종 조 사분석 자료가 자주 등장하는 것을 알 수 있다. 통계청에서 발표한 자료에 따르면 현재 한국의 65세 이상 노령인구의 비중은 전체인구 의 7% 가량이지만 2020년 이후에는 인구의 고령화가 지속적으로 진행되어 선진국 수준인 15.1%로 예상된다고 한다. 이는 생활수준 의 향상과 의료기술의 발달로 인해 평균수명이 늘어나면서 퇴직 이 후 사망까지의 노후생활 기간(기대여명)이 점점 늘어남을 뜻하는 것이다. 2000년을 기준으로 60세를 근로정년이라고 할 때 기대여 명은 남자가 12.1년, 여자가 19.5년이지만 2010년에는 남자가 15.5 년, 여자가 22.2년으로 늘어날 것으로 추정되며 기대여명은 점차 증가될 것으로 예상된다.

반면에, 한 헤드헌팅 회사에서 '직장에서 느끼는 체감정년'을 조사한 결과 전체 응답자의 52%인 303명이 37~41세라고 답했다. 즉 체감정년의 평균 연령은 38.8세로 40세에도 이르지 못한 것으로 나타났다. 결국 평균 입사연령 27.5세에서 38.8세에 이르는 11.3년 동안의 소득으로 평생을 살아야 한다는 얘기이다. 물론 직장을 그만두고 자영업 등을 할 수는 있겠지만, 우리 아버지 세대의 상황과는 사뭇 달라진 풍경이다.

이와 같이 경제활동을 통해 소득을 벌 수 있는 기간은 줄어든 반면, 노후생활을 해야 하는 기간이 늘어나면서 소득 없이 너무 오래 사는 위험이 발생한다. 이러한 위험을 대비하기 위해 정부뿐 아니라 사회 및 개인 단위의 준비가 절실히 필요한 것이다. 과거 20세기에는 정년시기까지 열심히 일하여 퇴직 후에 받은 돈과 예전에 모은 돈을 합하여 대략 15년에서 20년 정도의 노후 자금에 충당하면 될 것으로 받아들여졌다. 대략 절약해서 살면 3~4억 정도의 돈으로 그런대로 노후를 대비할 수 있었다.

하지만 오늘날 현실은 어떤가? 위에서 언급한 것처럼 실질정년이 줄어드는 가운데 수명은 늘어나므로 예전의 두 배에 달하는 은퇴 후의 생활기간에다 금리마저 절반이 되어 개인연금의 실질 수령액이 절반에 그치고 있으니 이중고를 겪게 되어 있다.

하지만 정부에서 운영하는 국민연금 제도는 현재의 경제활동 인구가 납입한 국민연금 보험료를 정부에서 관리하여 노후를 맞은 사람들에게 연금으로 지급하므로 구조적인 문제점을 안고 있다. 1970년대 베이비붐 세대 이후 점차 인구증가율이 감소함에 따라 향후 지금의 경제활동 인구가 노후가 되었을 때는 연금 재원이 현저하게 줄을 것이다. IMF 금융위기 때와 같이 주식시장이 폭락하여 국민연금기금을 운용하는 데 부실화가 발생했을 경우에는 더욱 심각한 사회문제로 인식될 것이다. 일례로 한국보건사회연구원에서 2002년 5월에 발표한 자료를 살펴보면 "현재는 10명의 청장년이 노인 1명을 부양하지만, 17년 후에는 5명이 노인 1명을 부양해야 한다"고 추산하고 있다.

또한 IMF 전에 기업에서는 장기 근속자에 대한 퇴직금 제도를 시행했었다. 월급의 일정률을 퇴직금으로 적립해 퇴직 후 노후 생활자금으로 활용하는 것이 가능했다. 하지만 IMF 이후 퇴직금의 개념이 연봉제의 도입으로 사라졌으며 있다고 하더라도 퇴직금 중간 정산제(저금리로 인해 기업에서 퇴직금 적립액을 장기 운용하여 투자수익을 내어 종업원에게 지급할 수 있는 방법이 거의 전무한 실정이므로 이러한 위험을 피하기 위해 중간 정산 제도를 실시)로 인해 개인의 입장에서 볼 때 노후대책으로서의 역할이 상당히 격감하였다.

　이러한 사회 상황에서 정부는 선진국과 같이 고령화 사회로 가고 있는 국민의 최저생활을 위한 사회보장 측면에서 국민연금을 무리하게 시행하게 된 것이고 이러한 국민연금의 부족분을 메우기 위해 개인연금저축의 가입을 적극 장려하고 있는 것이다.

　그렇다고 아무 생각 없이 지내기보다는 현실을 인정하고 적극적이고 장기적인 대책수립과 실천이 필요하다. 특별한 대책이라기보다는 지극히 상식적인 대책, 즉 오래 일을 할 수 있는 직업에 대한 관점과 연금보험 및 종신보험, 연금신탁과 함께 저축을 늘리고 소비를 줄이는 기본적인 자산관리 설계와 이에 따른 실천이 필요하다.

　게다가 위에서 언급하였던 대로 기업 정년이 사실상 50대 초반으로 앞당겨질 정도로 중노년 층의 고용불안은 심각하다. 적당하게 목돈을 모아 이자소득으로 편안하게 살기란 생각보다 쉽지 않다. 차라리 근로소득이나 사업소득을 얻을 수 있는 기간을 최대한 늘리는 것이 좋다. 평생직장의 시대는 가고 평생직업(life time job)의 시대가 왔다. 전직이나 재취업에 대비해 자기 자신에 대한 투자를 시작하자.

건강에 저축하라

코스닥 등록 벤처기업 K사의 기획 차장 소
진한 씨. 3남 1녀 중 차남인 그는 얼마 전에 부친상을 당했다. 젊은
시절 골초에 과음으로 누적된 지병으로 고생하던 그의 부친은 3년
전부터 지병인 폐결핵과 식도암으로 고생하다가 끝내 70세의 연세
로 세상을 떠난 것이다.

2년 전 벤처 붐을 타고 다니던 대기업을 그만둔 후 유망 벤처 기
업에 둥지를 틀었으나 시장 상황이 여의치 않아 기대했던 이득은커
녕 빚만 늘어난 상태이다. 빚이 늘어난 데에는 형제들이 공동 분담
하던 부친의 치료비가 단단히 한 몫을 했다. 자신은 장남인 형에 비
해 나은 상태이다. 그래도 부친의 치료비를 대느라 집마저 팔아버
린 데다가 얼마 전 다니던 직장에서 명예퇴직 대상으로 지정되어

다니던 직장을 20년 만에 그만두는 참담한 지경에 이르렀다.

재산 관리는커녕 코앞에 닥친 급급한 집안 사정과 각종 스트레스로 술과 담배만 늘어난 상태이다. 부친상에 찾아온 대학 동창들과 자리를 같이 하며 이야기를 나누는데 학교 때 단짝이었다가 직장에 다니면서 만나기가 어려웠던 외국계 A사에 다니는 친구 구준희 씨를 만나고 서로 놀랐다. 소 씨가 놀란 것은 동창 구 씨가 10년 전이나 지금이나 변한 게 없다는 점이었고 오히려 예전보다 활력이 있어 보인다는 부러운 면이었다. 구 씨는 10년 전보다 체중이 1년에 1kg씩 늘어 10kg이나 늘어난 데다가 흰머리와 함께 찌든 듯한 인상을 보이는 소 씨를 보고 적잖이 놀라지 않을 수 없었다.

연령은 같지만, 실제 건강지수 측면에서의 나이는 10살 이상 차이가 나는 셈이다. 실제로 구 씨는 자기관리가 철저한 덕에 승승장구하고 있었고 자산 상태도 양호하고 연봉도 6,000만 원 정도로 적지 않은 편이어서 주변의 부러움을 살만했다. 구 씨는 매월 20만 원씩 내고 회사 근처에 있는 헬스클럽에 매일 아침 일찍 다니는데 벌써 7년째라고 한다. 반면에 소 씨는 벤처 기업에 스톡옵션과 우리사주를 보고 들어와서 급여는 연 4,000만 원 정도이다. 허구한 날 야근에 스트레스만 쌓이고 운동이라고는 해본 기억이 별로 없다. 시간만 있으면 자고 싶다. 치과에 이가 아파서 가면 늘 견적이 수백만 원이다. 이렇게 가다가 제 명에 못 죽는 것이 아닌가 하는 불안

감과 함께 여력이 없어서 건강관리를 못한다는 생각이 지배적이다. 이런 생각을 들은 동창 구 씨는 시간이 없어서 운동을 못한다는 이야기는 시간이 없어서 중요한 일을 못한다는 말과 같은 이야기라며 시간을 쪼개서라도 건강관리에 신경 쓰라고 충고하였다. 구 씨의 지론은 이런 건강관리야말로 재산도 불려줄 수 있는 원천이자 아울러 의료지출을 줄이는 지름길이며 평생 일할 수 있는 기초라는 것이다.

　누구나 돈을 벌어서 부자가 되어 골프도 쳐보고 노후에는 부부끼리 세계여행도 해야지 하는 꿈을 꾸기 마련이다. 그 꿈을 이루기 위해 열심히 일하며 몸을 혹사시키기도 한다. 한 푼이라도 더 벌어야 한다는 일념으로 평소에 무관심하게 방치된 몸은 때가 되면 예상치 못한 때에 병으로 찾아온다. 보험에 가입하면 되지 않느냐는 얘기도 있지만 보험은 만일의 경우에 대비해 경제적인 부담을 가볍게 해주는 것이지 잃어버린 건강을 되돌려 주지는 못한다. 주식투자에 실패하거나 부동산에 투자했다가 손해를 보는 경우에는 다시 재기할 수는 있겠지만 건강은 돈으로 다시 살 수 없는 한번 지나가면 돌아오지 않는 흐르는 물과 같다.

안락한 여생을 보내겠다는 일념 아래 몸이 어떻게 되어도 돈을 모으겠다는 생각은 아주 위험한 생각이다. 우리가 주변에서 심심찮게 보는 현상은 가족 중 하나라도 중병을 앓고 있는 경우이다. 형편이 넉넉하지 못한 대부분의 가정에서는 병원비 감당에 모든 가족이 우울해진다. 만약 장기화되어 간병이 지속되는 경우 가중되는 치료비 부담과 함께 나타나는 재산 손실, 가중되는 빚, 가족 전체의 사기 저하, 다른 가족들의 건강 악화 심지어 가족간의 심각한 갈등 등 재무적 손실과 비재무적 손실은 기본이다. 교육비와 마찬가지로 의료비 지출은 연기되거나 우선순위의 조정이 불가능하다. 의료비는 그 성격상 나중으로 미루면 그 비용이 눈덩이처럼 불어나 이자가 불어나는 속도를 훨씬 추월하는 법이다. 지금 당장 급한 지출 항목이고 예상하기 어려운 부분이다.

우리 국민에게 가장 흔한 만성 질환이 바로 충치이다. 우리는 보통 치과에 가는 것을 꺼린다. 치과와 친해지는 것을 좋아하는 사람이 별로 없다. 하지만 돈 관리 차원에서 보더라도 치아를 보건하기 위한 예방 조치는 아주 중요하다. 어려서부터 평상시에 치아를 잘 닦고 치석제거 작업을 주기적으로 하면 많은 돈을 절약할 수 있다. 이것은 돈 관리를 하는 데 있어 아주 중요한 부분이다. 치아가 나빠져서 썩은 이를 빼내고 임플란트 시술까지 하는 경우 하나에 무려 300만 원이나 하니 입이 절로 벌어진다.

보통 사람들은 이가 아파서 치과에 갈 때 마다 삼중고를 겪게 된다. 첫째, 치과의사와 간호사로부터 치아 관리에 대해 야단을 맞고 안타까운 이야기를 듣는다. 둘째, 치료를 받을 때 마취하긴 하나 기분 나쁜 윙 소리와 함께 무척 아프고 힘들다. 셋째, 보철하는 경우 의료보험도 안 되고 아울러 많은 비용이 든다.

해결책은 예방 밖에 도리가 없다. 느닷없이 수백만 원씩 지출할 일이 생기면 고소득이나 고자산층이 아닌 대부분의 경우 예기치 못한 일이므로 급전을 구하거나 대출을 받거나 아니면 적금 등을 손해보고 깨야 하는 일이 발생할 수도 있다.

몸이 망가져 병이 들면 치료비도 부담이 가기 마련이다. 이에 대비하는 것이 바로 보험이라고 할 수 있다. 암보험, 여성보험, 종신보험 등 다양한 보험이 있지만 자신에게 알맞은 적절한 보험 상품을 택하는 것이 좋다. 건강보험 상품은 배당형과 무배당형이 있으나 무배당형으로 선택하는 것이 실속 있는 선택이다. 건강보장 보험에서 주계약의 지급사유에는 치료비, 수술비, 입원비, 장기입원 치료비, 요양비 등이 있다. 지급사유가 발생하여 보험금을 지급받고자 하는 경우에는 보험증권, 주민등록증, 진단서 등을 제출하여 청구한다. 그러면 서류를 접수한 날로부터 3일 이내에 보험금 등을 지급받을 수 있다. 단, 지급사유의 조사나 확인이 필요한 경우 접수 후 10일이 걸릴 수 있다. 하지만 결국은 몸을 돌보는 게 보험에 잘 가입하는 것보다 돈 버는 길이다.

저축도 일찍 시작하듯 건강에도 저축해야 한다. 당뇨, 고혈압, 간질환, 심장병, 암 등 성인병은 증상이 나타날 때까지 상당한 시일이 걸리게 마련이다. 자신의 몸은 자신이 아는 법이다. 몸의 어느 부분이 약간이라도 이상하면 즉시 전문가와 상의하도록 한다. 평소 먹고 마시는 것, 입는 것, 자는 것, 일하는 것, 생각하는 것 등 모든 것 하나하나에도 몸에 관심을 갖고 생활한다. 아울러 땀을 흘리는 주기적인 유산소 운동은 기본이다. 이것이야말로 보이지 않는 의료비의 중대한 지출을 막는 길이다. 또한 건강 검진은 자주 하는 것이 좋지만 사정이 여의치 않으면 6개월에서 1년 단위로 정기적으로 하는 것이 좋다.

불효는 재산 손실이다

외과 전문의 고독한 씨는 얼마 전에 용인에서 운영하고 있던 병원을 의료사고 배상으로 인한 운영난과 과다한 차입으로 인해 그만두고 큰 병원의 페이닥터(급여를 받고 일하는 의사)로 취업하기로 결심했다. 현재 분당의 32평형 아파트에 살고 있는 그는 아내와 함께 고등학교 2학년인 아들이 하나 있다. 고독한 씨는 가정형편이 어려운 와중에도 공부를 잘해 부모님의 기대에 어긋나지 않은 효성스러운 장남이었다. 하지만 그는 명문대 의대를 졸업하고 대학병원 레지던트 시절에 친구 소개로 만난 지금의 아내 전신경 씨와 결혼한 후 아내의 과민한 신경성 증세와 갈수록 꼬이는 재산관리 문제로 머리가 아프다.

결혼한 이후 한 번도 시부모를 모신 적도 없으면서 시부모와 살

기를 극히 꺼려한다. 한번은 칠순을 넘겼지만 건강하신 시아버지가 명절날 농담 삼아 "너희들하고 이제는 함께 살아야겠다"라는 말에 자극받아 남편을 들들 볶아서 1997년 초에 거의 3억 원에 육박했던 강남의 32평 아파트를 샀다가 1999년 초에 2억 7,000만 원에 3,000만 원 손해보고 팔고(현재 시가 5억 원), 분당에 있는 50평형 오피스텔(방 2개)을 사서 입주했다.

재산 증식이 되지 않을 것이고 살다 보면 불편할 것이라는 주변 가족들의 만류에도 불구하고 강력히 우겨서 이사 갔다가 시부모가 함께 살 의사가 없음을 확인하고 나서야 2,000만 원 손해보고 팔았고 또 근처 전세로 이사했다. 2002년 8월 집값이 급등하자 불안한 나머지 3억 원을 상회하는 가격으로 아파트를 샀다. 엎친 데 덮친 격으로 고독한 씨가 운영하던 병원에서 의료사고가 발생하여 무려 1억 5,000만 원을 물어주게 되었다. 그 뿐만 아니라 사업을 하는 처남에 대해 보증을 서 주었던 1억 원도 대위변제하였다. 그래서 모자라는 1억 원은 아파트 담보대출을 받았다.

의사 수입이 만만치 않은 게 사실이지만, 양쪽(부모님과 아내)의 모든 불만을 틀어막기에는 역부족이고 일도 잘 안 되는 편이어서 가슴이 답답하다. 아내가 하자는 대로 했지만, 결국 실컷 노력하고 돈 벌어서 부모님께 생활비도 일부 보내드리면서도 동생들에게 비난 받고, 부모님에게도 죄송하고, 남들 보기 창피한데다가 재산 증식은커녕 번 돈도 까먹고 있으니 고독한 씨의 스트레스는 이만저만이 아니다.

시부모와 며느리가 사이가 안 좋은 경우, 아들은 이중고에 시달리고 이것이 일과 건강, 재산관리에 동시다발적으로 영향을 미친다. 위의 예처럼 흐름을 거꾸로 타서 가만히 있었으면 현재 5억 원 이상 되어야 할 집값이 중간에 계속 사고팔고 이러저러한 비용도 들고 해서 손실이 추가되었고 부채자산을 감안하면 2억 원 수준인 것이다. 또 집에 대한 원가 개념을 도입하면 최초 주택 구입자금 3억과 등기비용, 매매 손실분 3,000만 원, 오피스텔 매매손실 2,000만 원과 함께 그 동안의 금융기회비용까지 감안하면 무려 4억 원의 원가가 들었지만, 결과는 3억 원짜리 32평 아파트이다. 1997년 초 4억 원 수준이던 강남 45평 아파트는 현재 7억 원이므로 결과를 손실액은 잠재손실을 감안하여 4억 원이다. 이 돈은 아무리 개업의사라고해도 단기간에 모으긴 쉽지 않은 큰 돈이다.

상식을 지키지 않는 자기만의 고집은 재산관리의 독소이다. 재산이 될 것이 아니라고 주변에서 그렇게 이야기했다면 조금이라도 귀를 기울였어야 했으나 며느리 전신경 씨의 머리 속에는 온통 '시부모와 함께 사는 것을 피하는 방법은 방 수를 줄이는 것' 이라는 별로 공감하기 어려운 특수 목적으로 가득 차 있었고 아울러 신중하지 못한 투자로 인해 재산에 손실을 가져온 셈이다. 충효사상이 우리 사회의 기본 바탕인 만큼, 이혼 관련 법원 판례에도 사회 통념상 며느리와 아내로서의 기본 도리를 다 하지 않으면 위자료를 주지 않고 거꾸로 남편 측에서 청구가 가능하다.

"욕하면서 닮아간다"라는 말이 있다. 물론 시대가 바뀌어서 지금의 자녀 세대가 부모를 부양하지 않을 확률이 높아가고 있지만 본인이 어른들에게 한 이상으로 돌려받게 되어 있는 것은 당연지사이다. 학교에서 허구한 날 교육해봤자 모든 교육은 가정에서 출발된다. 과외비를 전혀 아끼지 않고 투자하지만 과연 그 과외비가 현재 부모님께 잘해드리는 데 쓰이는 것보다 미래에 얼마나 플러스가 될지는 미지수이다.

지금의 노인 세대들이 반드시 장남 내외와 함께 살려고 한다는 생각은 구시대의 생각이다. 다만 절충안으로 같은 지역에 별도의 집을 마련하여 독립성과 함께 연결성을 도모하는 것도 현실적인 한 방법이다. 그렇지만 이 모든 것은 서로간의 이해와 양보심, 친밀도가 결정을 짓는 것이라고 할 수 있다.

PART 2

우리에게 내일은 없다.
단지 오늘과 빚만 있을 뿐!

빚보증 서다 주저앉는 법

서울 한남동의 부자인 유명한 씨의 운전기사 겸 비서 역할을 하고 있는 채무증 씨. 일류대학을 나와서 한때는 종합상사의 수출 역군으로 일하다가 임원의 반열까지 올랐던 그는 유능한 사람이었다. 하지만 그는 현재 매일의 끼니를 걱정해야 할 처지로 바뀌었다. 부자 유명한 씨의 개인 비서로 의료보험이나 국민연금 등을 내지 않는 그야말로 통계에 안 잡히는 월급 생활을 할 수밖에 없는 처지가 된 것이다. 그의 월급은 현재 250만 원. 만약 정식으로 유명한 씨의 회사에 직원으로 일하게 되면 300만 원을 받더라도 월급의 절반이 가압류 될 수밖에 없는 처지이다. 빚보증의 채무 불이행으로 인한 신용불량자 즉, 적색 거래처인 것이다. 국민연금 보험료, 세금, 건강보험료, 압류 분을 제외하면 실수령액이 절반에도 못

미치게 되어 유명무실한 월급으로 사느니 모시고 있는 유명한 씨로부터 개인적인 실수령액을 받는 것이 그로서는 바람직한 것이다.

사람 좋다고 소문난 채무중 씨가 이토록 곤란한 처지에 이르게 된 것은 입사 동기의 4억 원 이상짜리 빚보증을 서주었기 때문이다. 그리고 IMF 때 구조조정의 여파 속에서 퇴직하게 되고 엎친 데 덮친 격으로 친구의 사업체까지 망해서 빚보증으로 인해 집이 압류되는 지경에 이르렀다. 6억 원을 주고 산 집을 불과 3억 원에 경매로 넘기게 되고 이후에도 그 여파가 계속되고 있다.

주변을 둘러보면 상당수 많은 이들이 어려움을 겪는 경우가 빚보증과 관련되어 있다. 어지간한 직장인치고 친구의 대출보증 부탁을 받아보지 않은 사람은 거의 없을 것이다. 친구에게 갑자기 연락이 와서 반갑게 만나서 이런저런 이야기를 하다가 어렵게 대출보증을 부탁 받고 보면 부담스러워져서 마음이 극히 불편해진다. 거절을 하자니 친하게 지냈던 소중한 친구와의 관계가 나빠질까 걱정이 되고 그렇다고 해서 보증을 서 주자니 어렵게 모아놓은 재산이나 직장생활의 기반을 아주 어렵게 해버리는 것은 아닌지 우려가 된다.

비슷한 사례들은 부지기수다. 그래서 어른들 말씀에 보증은 부자지간에도 서지 말라는 이야기가 있는가 싶다. 보증을 부탁하는 사람이나 서는 사람이나 좋은 뜻에서 시작된 일이 불행한 결과를 초래하는 경우가 너무도 많기 때문이다.

보통 연대보증의 경우 금융기관은 돈을 빌린 사람이 제대로 돈을 갚지 않으면 그 사람과 관계없이 바로 보증인에게 청구할 수 있다. 그리고 이때 보증인이 아무리 채무자가 돈을 갚을 수 있는 능력이 있다는 증거를 들이대도 소용이 없을 수 있다. 그러니까 금융기관은 채무자나 보증인에게 빚을 갚으라는 청구행위를 골라서 할 수 있다는 것이다.

그리고 금융기관이 채권행사를 할 경우 보통 금융기관은 보증인의 재산을 조사한 뒤 가압류를 한다. 이렇게 되면 보증인은 재산권을 행사하지 못해 재산을 팔아넘길 수도 없고, 다른 사람의 이름으로 바꾸어 놓을 수도 없다. 금융기관은 채무자 또는 보증인이 일정 기간이 지나도록 계속 빚을 갚지 못할 때엔 재산을 경매해 버린다. 그리고 보증인이 월급 생활자인 경우에는 월급 및 퇴직금의 절반까지 압류하여 매달 적립해서 가져간다.

그 만큼 보증은 재산상의 불이익을 내포하고 있다는 것이다. 연대보증은 보증인이 채무자와 연대해 채무를 이행할 것을 약속하는 보증인데, 민법상 최고(催告)의 항변권이 없다. 따라서 채권자가 주채무자에게 연락 한번 하지 않고 만기일 이후 보증인에게 변제하라고 요청해도 법적으로 하자가 없다. 또한 연대보증의 경우에는 검색(檢索)의 항변권도 인정되지 않는다. 따라서 주채무자의 재산이 있는데 잘 찾아보지 않고 보증인에게 먼저 갚으라고 요구할 수도 있다.

그렇다면 빚보증 요청을 받았을 때 어떻게 하면 효과적으로 거절할 수 있을까?

우선, 다니는 회사에서 보증을 금지한다고 얘기한다. IMF 외환위기 이후 보증으로 직원들이 재산상의 피해를 크게 입자 많은 회사에서는 직원들이 보증서는 것을 금지하거나 보증한도를 정해놓는 경우가 많기 때문이다.

아니면, 보증한도가 다 찼다고 얘기한다. IMF 이후 보증을 잘못서서 피해를 보는 사람이 늘어남에 따라 재산상태나 연간 소득에 따라 보증을 설 수 있는 한도를 정하는 '개인 보증 금액 총액 한도제도'를 실시하고 있기 때문이다.

또한 빚보증은 무형의 뇌물로 비추어질 수 있음을 주지시킨다. 얼마 전 판례에도 빚보증 서주는 것이 일종의 뇌물과 마찬가지라고 판결이 내려진 적이 있다.

그런데 사실 보증 부탁을 거절하기가 쉽지는 않다. 특히 친척이나 친구, 직장동료의 보증 부탁을 거절하자니 너무 냉정한 것 같고 들어주자니 부담스러운 경우가 많다. 부득이하게 보증을 서야 할 경우라면 꼼꼼히 따져보고 서야 한다. 우선, 보증한 금액 전체를 본인이 갚을 각오가 있을 때만 보증을 서도록 해야 한다. 보증을 설 때는 반드시 보증을 살펴 보증 내용 등을 확인한 뒤 직접 서명해야

한다. 또 대출 금액이나 보증 금액은 당초 약속한 금액인가 확인한다. 마지막으로 보증을 서주기 전에는 몇 가지 주의사항을 체크해야 한다.

첫째, 재산상태와 수입 및 부채현황 상환계획을 상세히 적으라고 한다.

대출보증 부탁을 받았을 경우 생각해야 할 요소로는 친구의 신용도도 중요하겠지만 친구의 직업 및 재산상태를 확인할 필요가 있다. 아무리 신용이 있는 친구라 하더라도 사업이 실패했을 경우에는 그의 의사와는 관계없이 보증인이 빚을 대신 갚아 줘야 하기 때문이다. 친구가 안정적인 직업을 가지고 있을 경우에는 상대적으로 위험부담이 적다고 할 수 있으나 언제 부도날지 모르는 위험한 직장일 경우엔 물어줄 각오가 있어야 한다. 그리고 사업을 하고 있을 경우엔 업종 및 발전가능성 등을 꼼꼼히 체크해 봐야 한다. 또한 친구가 아무리 많은 부동산을 소유하고 있다 할지라도 담보로 제공되어 있는 경우가 많으므로 유의해야 한다.

둘째, 금액 및 돈의 쓰임새를 확인해야 한다.

금액을 정확히 확인하고 자신이 책임질 수 있는 범위 내에서 보증을 선다. 최악의 경우 대신 갚아 줘야 하므로 책임지지 못할 과도한 금액에 대하여 보증서는 것은 위험하다. 그리고 가급적이면 친구가 대출을 받아서 어느 곳에 쓰려고 하는지 쓰임새를 확인해 두는 것이 중요하다. 보증이 무조건 위험하다고 할 수 없는 것이 주택자금, 결혼자금 등의 용도라면 상대적으로 덜 위험하다고 볼 수 있다. 그렇지만 사업자금이라면 보증인이 어느 정도의 위험은 감수해야 한다. 만약 주식투자 등의 용도라면 확률적으로 거절하는 게 상책이다.

셋째, 그 어떤 친구가 부탁을 해도 보증은 함부로 서지 말라.

그 친구 때문에 당신 가족이 눈물을 흘리게 될 수도 있다. 지갑 속에 신용 카드가 많으면서 소비성 지출이 많으면 반드시 신중하게 고려해야 한다. 사업가 친구인 경우에는 회사의 경리 자료들을 세무 조사하듯 본다. 경영에 약간의 문제라도 보이면 거절하도록 한다. 새로 사업을 하는 친구인 경우에는 그의 성격을 생각한다.

넷째, 친구가 급히 큰 돈이 필요하다고 보증을 부탁 할 때는 그가 설명하는 말을 절대로 액면 그대로 믿지 말라.

그가 거짓말을 하는 것이 아니라 그의 상황이 거짓말을 낳는다. 친구를 믿는 것은 좋지만 친구가 처한 상황은 믿지 말라. 그 친구도 미래상황은 모른다. 고의적인 경우도 있겠지만 많은 경우에서는 친구가 속이는 것이 아니라 그의 미래상황이 돈을 못 갚게 만들며 우정도 버리게 함을 명심한다. 그러나 친구로부터 빌린 돈을 못 갚았다고 절대 자취를 감추지 말라. 연락이 두절되면 곧 소문이 퍼지게 되고 빚지지 않은 친구들마저 등을 돌린다.

다섯째, 많은 사람들이 보증을 서면서도 대출금액이나 보증금액의 확인을 소홀하게 하고 나중에 그렇게 많은 금액을 보증하는지 몰랐다는 얘기를 하는 경우가 있는데, 본인이 서류를 작성했으면 아무리 실수로 했다고 주장해도 돌이킬 수 없다. 또한 분쟁 발생 등에 대비해 보증계약서의 사본을 보관하는 것이 필요하며 인감증명서, 인감도장, 주민등록증 등을 다른 사람에게 맡기는 것도 피해야 한다.

여섯째, 어떤 종류의 보증인지 알아본다.

금융기관 대출에 대하여 보증을 서려고 하면 보증서를 작성하게 된다. 그런데 대부분의 보증인은 보증서의 종류에 신경을 쓰지 않고 있다가 낭패를 당하는 경우가 있다. 따라서 보증서의 종류 및 책임범위를 정확히 확인하여 본인의 의사에 맞는 보증을 서야 한다.

보증에는 특정 대상 및 금액에 대해서만 보증하는 특정채무보증과 한 번 보증을 서면 채무자가 추가로 빌리는 돈에까지 보증책임을 지는 근보증(한정, 포괄)으로 나뉜다. 일반적으로 특정채무, 특정근보증, 한정근보증, 포괄근보증 순으로 보증인의 책임이 무거워진다. 이 중 근보증은 책임의 범위가 훨씬 크므로 내용을 확실히 파악한 뒤 보증서에 서명해야 한다. 따라서 대출용도, 금액, 기간 등을 정확히 확인하고 책임범위에 대해서도 대출기관의 직원을 통해 분명히 확인해 둬야 한다.

일곱째, 보증기간은 짧을수록 좋다.

친구의 직업이나 재산상태가 양호하더라도 보증기간이 장기인 경우에는 어떤 일이 일어날지 모르므로 보증기간은 단기로 하라. 또한 보증기한을 언제까지 할 것인가도 확인하고 보증의 종류가 어떤 것인지도 확인해야 한다. 보증기한이 지났을 경우에 재연장하는 절차에 대해서도 알아둔다. 보증인 쪽에서는 보증기한이 경과한 경우 보증인에게 통보하고 서명을 해야만 연장이 유효한 조항으로 해야 유리하다.

마지막으로 담보를 제공할 경우이다.

친구의 빚에 대해 자신의 주택 등을 담보로 제공할 경우에도 위에서 열거한 판단 기준을 가지고 담보를 제공해야 할지를 결정한다. 유의할 점은 담보제공 범위를 확정하는 저당권 설정금액을 반드시 자필로 기입해야 한다는 것이다. 일부 금융기관에서는 담보 제공 외에 별도의 보증을 요청하는 경우가 있는데 이때는 거절하는 것이 바람직하다. 별도의 보증을 설 경우엔 담보 제공 말고 별도로 보증부담을 할 수 있기 때문이다.

빚보증은 대개의 경우 보이지 않는 공포이다. 또한 앞날에 대해 계획해 놓은 많은 일들을 무의미하게 만들어 버린다. 안전한 돈 관리를 위해 빚보증에 대처하는 것은 어찌 보면 가장 중요하다고 볼 수도 있는 일이다.

현금 서비스 돌려 막다 망하는 법

연합뉴스 2002년 9월 11일자 보도자료에 따르면 20대 4명 중 1명은 다른 카드의 현금 서비스를 받아 카드 결제 대금을 치르는 '돌려 막기'를 한 적이 있는 것으로 나타났다. 2002년 9월 11일 국민은행 연구소가 20대 직장인 및 대학생 천 명을 대상으로 조사한 '20대의 소비 및 금융 행태 분석보고서'에 따르면 20대 신용 카드 이용자의 34%는 카드 결제대금이 부족한 적이 있었고 연체한 경우도 19.8%에 달했다. 또 결제대금이 부족할 경우 해결하는 방법으로 24.5%가 돌려 막기를 택했고 8.3%는 현재도 돌려 막기를 하고 있는 것으로 조사됐다.

대학생의 경우 결제에 모자라는 돈을 부모가 해결해주는 경우가 45%, 친구나 동료로부터 꿔서 갚는 경우는 25%, 카드로 돌려 막는 경우는 15%를 차지했다. 미혼 직장인은 돌려 막는 경우가 41%, 친구나 동료로부터 돈을 꿔서 갚는 경우는 23%, 부모가 해결하는 경우는 18%였다. 20대 중 현금 서비스와 신용대출을 함께 받는 다중 채무자의 비율은 평균 8.75%로 기혼자가 2%, 미혼이 6.7%, 대학생이 0.5%에 이르렀다.

또한 국민은행 연구소는 20대 중 25%는 과소비 경향이 있는데 단순 또는 다중 채무를 지고 있어 비건전 불량그룹에 속한다고 분석했다. 조사결과 20대는 금융교육을 받아본 경험이 없는 경우가 많고 금융지식 수준도 취약해 금융교육의 획기적인 개선이 필요하다고 연구소는 지적했다. 우리나라 대학생은 월 소득에 비하여 지출 비중이 86.8%로 미국(66%)과 일본(72%)에 비해 크게 높을 뿐 아니라, 저축을 하는 비율도 38.4%로 미국(77.9%)과 일본(83.4%)에 비해 크게 낮아 신용 카드 사용에 강력한 통제가 필요하다고 연구소는 강조했다.

계산기로 계산해 보면, 연 19%의 현금 서비스 수수료를 적용하고 연체료를 적용하지 않고 현금 서비스로 계속 돌려 막기를 한다면 4년이면 2배, 10년이면 6.5배, 20년이면 43배, 30년이면 285배, 40년이면 1,882배가 된다. 얼마나 무서운 사실인가?

더구나 초단기 부채는 이자가 상대적으로 비싼 편이다. 카드 현금 서비스 및 카드론 등은 한쪽 면에서 금융 기관들의 금융혜택을 받기 어려운 서민들의 금융 창구라는 장점을 가지고 있다. 그러나 이자가 비싸다는 점에서 신중히 고려해야 한다. 눈덩이처럼 불어나는 게 있다면 빚이다. 상대적으로 비싼 이자로 인해 다시 어려움에 부딪치는 경우가 생긴다. 잠시의 어려움을 모면하려는 초단기 부채는 장기적인 빚의 고리를 만들어 준다. 이는 당장 다가오는 가까운 미래에 불행을 초래한다.

그나마 2002년 7월 1일부터는 현금 서비스 수수료가 연 19~20% 수준까지 내려갔다. 현금 서비스 300만 원을 금리 연 19%로 가정하고 연체 없이 갚지 않고 계속 돌려 막기를 한다면 그 결과는 아래 표와 같다.

연차	원 금	연차	10년 이후	연차	20년 이후	연차	30년 이후
1	3,622,353	11	23,860,850	21	157,174,131	31	1,035,323,841
2	4,373,814	12	28,810,808	22	189,780,061	32	1,250,102,806
3	5,281,166	13	34,787,638	23	229,150,124	33	1,509,437,880
4	6,376,749	14	42,004,369	24	276,687,546	34	1,822,572,275
5	7,699,612	15	50,718,217	25	334,086,653	35	2,200,666,713
6	9,296,904	16	61,239,762	26	403,393,263	36	2,657,197,219
7	11,225,556	17	73,944,011	27	487,077,598	37	3,208,435,435
8	13,554,309	18	89,283,770	28	588,122,332	38	3,874,028,568
9	16,366,164	19	107,805,778	29	710,128,897	39	4,677,699,661
10	19,761,341	20	130,170,194	30	857,445,845	40	5,648,093,125

현금 서비스로 빌린 돈을 돌려 막다 망하지 않기 위한 몇 가지 제안을 해보겠다.

첫째, '금방 갚을 수 있겠지'라는 막연한 생각으로 빌려 쓰지 마라.

빚을 낼 때는 갚을 수 있다는 계획이 있고 능력이 있어야 한다. 어떻게든 되겠지 하는 안이한 생각은 단기부채를 장기부채로 만들 수 있다.

둘째, 일단 빌렸으면 연체하지 마라.

현금 서비스의 연체이자는 연 24%에서 29%, 일반 연체료는 연 17% 이상 수준이다. 정상적인 이자와 연체 이자는 여러 가지 면에서 다르다. 우선 금리를 떠나서 연체는 신용불량의 위험을 가까이 다가오게 한다. 당연히 연체 이자는 정상 이자보다 훨씬 더 높고 시간이 갈수록 더 힘든 상황을 만든다. 아울러 연체로 인해 다른 기회마저도 박탈될 수도 있다. 보통 한 가지 빚의 연체는 다른 정상적인 금융마저도 위태롭게 만든다. 누가 연체를 하고 싶어서 연체를 하겠느냐고 생각할 수 있다. 그러나 연체는 습관이라고 생각하면 된다. 한 번 연체는 영원한 연체라는 의미를 되새겨 볼 일이다.

셋째, 어쩔 수 없는 빚이라면 악성 부채부터 갚는다.

빚 갚는 데도 순서가 있다. 부채로 부채를 갚는 것은 위험한 발상이지만 신용 불량자가 되는 것보다는 악성·부채를 일시적으로 막는 것도 고려해볼 일이다. 빚을 지는 것이 어쩔 수 없는 경우라면 저금리 대출로 고금리 대출을 상환하는 것이 당연히 바람직하다. 멍하니 방치해 두지 말고 계획을 세워 하나하나씩 순서를 정하여 상환해 나가야 한다.

효과적으로 신용 카드를 활용하기 위한 10계명

1. 포인트를 한 곳으로 모은다.

대부분의 카드 회사에서는 카드를 사용할 때마다 포인트를 적립해준다. 이 포인트만 잘 모아두면 해외여행까지도 공짜로 갈 수 있다. 가장 좋은 방법은 주거래 카드를 하나로 지정하는 것. 그리고 또 하나! 포인트 파크(www.pointpark.com)나 팝포인츠(www.poppoints.co.kr) 같은 이른바 포인트 스와핑 사이트를 이용해보자. 내게 불필요한 부분의 포인트를 건네주면 꼭 필요한 부분의 포인트로 바꿀 수 있다.

2. 현금 서비스는 결제일과 가까운 날로 이용한다.

현금 서비스는 이용일수에 따라 수수료가 다르다. 이용일수가 길면 그만큼 높은 수수료가 부과되는 것이다. 예를 들어 카드대금 결제일이 매달 23일인 경우, 현금 서비스를 5월 31일에 받게 되면 결제일은 6월 23일이 되기 때문에 23일 간의 이자만 물면 된다. 하지만 여기서 단 하루를 늦춰 6월 1일에 현금 서비스를 받으면 결제일이 7월 23일이 돼 대출기간이 53일로 대폭 늘어나게 되는 것이다.

3. 수수료를 줄이려면 은행계 카드를 이용한다.

흔히 우리가 사용하는 신용 카드는 은행에서 발행하는 신용 카드(비씨, 비자 등)와 그렇지 않은 비은행계 신용카드(엘지, 국민, 삼성 등)로 구분된다. 언뜻 보면 별로 차이가 없는 것 같지만 실제로 현금 서비스를 자주 이용하는 사람의 경우 은행계와 비은행계의 수수료 차이는 연간 수십만 원이 날 수도 있다. 그러나 비은행계 카드 회사들이 제공하는 부가 서비스나 마일리지 서비스 등에 관심을 두고 있다면 그대로 이용하는 것이 좋다.

4. 적극적으로 카드대금을 결제한다.

할부로 물건을 구입했을 경우 수수료가 부담스럽고 비싸다면 선결제를 한다. 급하게 돈이 필요해 현금 서비스를 받았을지라도 곧 현금의 여유가 생겼다면 결제일이 오기 전에 미리 선결제하는 것이 좋다. 카드 회사나 은행, 카드 회사 사이트나 전화로 요청할 수 있으며 할부 수수료는 다시 돌려받을 수 있다.

5. 무이자 할부를 최대한 활용한다.

최근 카드 회사간의 경쟁이 치열해지면서 각종 무이자 할부 서비스가 더욱 강화되고 있다. 평소 점 찍어두었던 물건이 있다면 이런 기회를 이용해보자.

6. 카드는 집중적으로 한두 개만 사용한다.

카드를 선택할 때, 자신의 소비행태와 가장 잘 맞는 서비스를 제공하는 카드를 한두 개만 선택하여 이를 집중적으로 사용함으로써 특정 카드에 포인트를 많이 쌓아두는 것이 좋다. 우수고객에게 주어지는 혜택이 훨씬 많기 때문이다.

7. 포토(사진) 카드를 사용하면 분실 시 부정 사용을 예방할 수 있다.

신용 카드로 계산할 때 서명대조를 하지 않는 모습을 심심찮게 볼 수 있다. 만약에 신용 카드에 사진과 서명이 선명하게 표시되어 있다면? 카드를 받는 측에서 당연히 대조해 볼 것이다. 분실 카드를 습득한 사람도 사용하기에는 부담스러워 질 것이다. 사진(예쁘게 가족사진도 좋다. 가급적 최근 촬영한 사진)으로 포토 카드를 만들면, 경우에 따라 연회비를 면제해 주기도 한다. 기념도 될 수 있고, 무엇보다 더 안전하게 사용할 수 있으므로 포토 카드를 활용하는 것이 좋다.

8. 직불 카드를 활용한다.

직불 카드는 통장에 잔고가 있어야만 쓸 수 있는 까닭에 신용의 위험에 노출되지 않고 신용 카드에 비해서 소득공제 혜택도 높다. 연봉의 10%를 초과하는 금액의 30%까지 소득공제 혜택을 받을 수 있다. 자제력 있는 소비를 하는 데 안성맞춤이다.

9. 자신의 라이프 스타일에 맞는 카드를 선택한다.

신용 카드 발급이 까다로웠을 때는 어떤 카드를 가지고 있느냐가 매우 중요한 문제였지만 이제는 어떤 카드냐가 아니라 어떤 서비스를 받을 수 있느냐가 더 중요해졌다. 이에 따라 내 라이프 스타일에 맞춰 카드를 발급 받는 사람들이 점차 늘고 있다. 또 이러한 맞춤 카드 발급을 가능하도록 도와주는 카드 관련 서비스 회사들도 점차 늘고 있는 상황이다. 특히 이런 서비스 회사들은 카드에 관한 각종 뉴스와 최신 정보, 복권 당첨 조회 서비스 등은 물론 나의 신용정보, 대출한도, 각 카드사별 수수료 및 이자율 비교 등의 각종 서비스를 제공한다. 또 이 사이트들을 통해 내게 꼭 맞는 카드를 직접 신청할 수 있다. 카드별로 제공하는 부가 서비스와 우수고객 특전들을 꼼꼼히 따져 카드를 선택해야 한다. 카드 회사의 웹사이트나 카드 전문 사이트를 찾으면, 카드별 부가 서비스의 내용이 상세히 나와 있기 때문에 자신에게 맞는 카드를 선택할 수 있다.

10. 캐쉬 백(Cash Back) 활용하기

많은 카드 회사들이 정유 회사나 쇼핑몰 등과 제휴하여 주유 또는 상품을 구입할 때 할인을 해주거나 적립을 해주는 혜택을 제공하고 있다. 신용 카드가 어떤 정유 회사와 제휴하여 할인이나 적립 혜택을 주는지 알아보고 가급적 자신에게 맞는 신용 카드를 이용하면 꽤 쏠쏠한 재미를 볼 수 있다. 또한 자신이 가진 신용 카드가 어떤 포인트를 가지고 있는지 기억한 뒤 캐쉬 백을 받을 수 있는 제휴 업체를 이용하는 것도 바람직하다.

데이트레이딩하다 재산 잃는 법

결론부터 말하자면, 데이트레이딩(Day Trading)은 돈을 버는 데 전혀 도움이 안 된다.

IT 혁명이라고 불리는 사이버 트레이딩이 정착된 이후 세계적으로 데이 트레이더(하루에도 여러 번 주식 거래를 하는 사람)들의 숫자가 급격히 늘어났는데, 특히 우리나라는 젊은 사람들 중에 꽤 많은 편이다.

데이트레이딩(매일매일 주식을 사고 파는 것)을 하는 사람들이 돈을 벌기가 어려운 이유는 표1의 모 증권회사 거래 수수료율 표로 설명해볼 수 있겠다.

표2를 적용하여 이론적이기는 하지만 1,000만 원을 주식에 투자하는 사람이 사고 팔기를 한 번만 하는 경우와 매일매일 1년 365일

표1

구분		매매금액	일반징수율	HTS		콜센터	ARS
				일반징수율	특별징수율		
거래소		2억 원 이하	0.50%	0.01%		0.35%	0.20%
		5억 원 초과~5억 원 이하	0.45% +100,000원	0.45% +5,000원		0.45% +5,000원	0.45% +2,000원
		5억 원 초과	0.40% +350,000원				
코스닥			0.40%		0.40%		
제3시장			0.40%	0.10%	0.40%	0.35%	0.20%
단주매매			0.50%	0.50%			

*HTS특별징수율 : 주문은 HTS로 하지만 상당히 필요한 계좌의 경우 계약을 체결함

*HTS단주매매의 경우 매도만 해당하며 지정 수수료가 적용됨

표2

단위:원

매매	구분	매매금액	일반징수율	HTS		콜센터	ARS
				일반징수율	특별징수율		
사거나 팔면	거래소	10,000,000	50,000	10,000		35,000	
	코스닥	10,000,000	40,000		40,000		
사고팔면	거래소	10,000,000	100,000	20,000	–	70,000	
	코스닥	10,000,000	80,000	–	80,000	–	
1년 내내 사고팔면	거래소	10,000,000	36,500,000	7,300,000	–	25,550,000	
	코스닥	10,000,000	29,200,000	–	29,200,000		
1년 내내 매매 총수수료율	거래소	10,000,000	365%	73%	0%	256%	
	코스닥	10,000,000	292%	0%	292%	0%	

을 거래하는 경우 거래세는 감안하지 않고 수수료를 얼마나 부담하게 되는지 나타나 있다.

　즉, 1년 내내 매매를 하게 되면 가장 수수료가 싸다고 하는 사이버 트레이딩인 경우에도 원금에서 73%의 수수료를 부담하게 된다. 최소한 73% 이상의 수익률을 시현해야 최소한 본전을 건질 수 있다는 이야기이다. 일 년에 73% 이상의 수익률을 시현하는 펀드매

니저는 초특급으로 분류된다. 그러니 일반 투자자가 주식으로 돈을 번다는 것은 얼마나 어려운 일인가? 하물며 위의 표에 나온 대로 수수료가 더 비싼 일반 매매나 ARS 거래, 콜센터 이용거래는 두말하면 숨 가쁜 이야기이다.

최근 사이버 트레이딩의 경우 일부 증권사에서 수수료를 기존 증권사의 10분의 1 수준까지 내렸다고 한다. 그렇다 한들 365일 매매하는 사람은 수익률이 최소한 연 7.3% 이상이면 원금이고, 정기예금과 비교해볼 때 두 배의 기대 수익률(약 10%)까지 합한다면 17.3%를 초과한 수익률이 기본이다. 가랑비에 옷이 젖는 원리이다.

또한 여기에 증권 거래세를 빠트릴 수 없다. 거래소 종목의 경우 농어촌 특별세 0.15%까지 감안하면 주식을 양도할 때마다 0.3%씩 내야 한다. 코스닥도 거래세가 마찬가지로 0.3%이다. 365일 동안 매일매일 사고팔면 적어도 원금의 109.5%가 세금으로 나간다. 여기에 전기 값, 전화 사용료, 인터넷 사용료 등까지 감안하면 배꼽이 배보다 훨씬 커진다.

확률적으로 개인 투자자의 회전율이 높으면 증권사와 정부는 돈을 벌기 쉽고 투자자는 돈을 잃기 쉬운 것이다.

채권 투자 잘못하다 환장하는 법

금융상품에 가입해야 할 땐 주의해야 한다. 왜냐하면 금융상품에 가입을 하면서 흔히 저지르는 실수가 있기 때문이다. 대표적인 실수인 채권형 펀드에 투자하는 요령부터 알아보자.

강심장 씨는 얼마 전에 만기가 된 예금을 처리하기 위하여 은행에 나갔다가 깜짝 놀랐다. 1년 전 4억 원을 반으로 나누어 확정금리 상품과 변동금리 상품에 2억 원씩 예치했는데, 만기가 되어 해지를 해 보니 확정금리 정기예금은 당시 연 6%로 이자가 1,200만 원이 나온 반면, 변동금리 상품은 4%인 800만 원이 나왔기 때문이다. 1년 전 예금할 당시에 변동금리 상품의 수익률이 확정금리보다는 다소 높을 것이라는 담당자의 말만 듣고 가입한 것인데 결과적으로 강씨는 400만 원의 손해를 본 것이다.

　요즘 많은 사람들이 채권형 펀드의 수익률이 저조해 속을 태우고 있다. 대부분의 변동금리 상품은 채권시가평가가 적용돼 기존의 장부가형 신탁상품과 달리 실세금리가 오르면 오히려 채권형 펀드의 기준가격이 내려가서 수익률이 낮아지는 경우가 발생한다. 따라서 가입 후 금리가 상승하게 되면 수익률이 낮아지게 되므로 채권형 펀드 상품은 금리전망을 예측한 후 가입하는 것이 좋다. 강 씨의 경우처럼 가입 후에 실세금리가 크게 오르지 않았음에도 불구하고 수익률이 저조한 것은 자금 운용자의 능력에도 기인한다고 보이므로 변동금리 상품에 가입할 경우는 금리예측은 물론 리스크 헤지 등의 운용전략을 꼼꼼히 살펴본 후에 가입하는 것이 바람직하다.

　강 씨는 은행을 나서며 앞으로는 절대로 변동금리 상품에는 가입하지 않겠다고 결심하였는데, 지금과 같은 저금리가 지속될 경우는

5%대인 정기예금만을 고집하기보다는 변동금리 상품이라도 운용방법 등을 잘 살펴본 후 가입하고 부동산 투자신탁 등 채권시가평가 제외상품에 가입하면 보다 안정적으로 높은 수익률을 얻을 수 있다.

정단순 씨는 경제신문 1면을 볼 때마다 헷갈리는 게 있다. 이자율이 어제보다 올라 비싸졌는데, 왜 국고채, 회사채 등 채권 값이 내렸다고 하는지 도통 모르겠다. 처음에는 인쇄가 잘못되었다고 생각했는데, 계속 그런 기사가 반복되니 뭔가 본인이 잘못 알고 있는 것 같다는 생각이 들었다. 물론 자신의 생각으로는 이자율이 내려가면 당연히 이자를 주는 채권의 값도 내려가야 한다고 판단되는데, 왜 채권 가격이 올라가는지 궁금해서 환장할 지경이다.

이해하기 어려운 것 같아도 알고 보면 간단하다. 예를 들어 갑돌이가 10만 원 상품권을 명동 구둣방에서 95,000원(5% 할인)에 사고 갑순이는 9만 원(10%할인)에 샀다고 치자. 누가 더 싸게 사고 누가 더 비싸게 샀는가? 당연히 갑순이가 갑돌이보다 싸게(가격 하락), 그리고 높은 수익률(할인율 5% 더 높게)로 산 것이다. 갑돌이는 더 낮은 수익률(이자율)로 높은 가격에 산 것이다. 상품권과 마찬가지로 유가증권 중의 하나인 채권의 수익률(이자율)과 채권가격의 관계는 이와 똑같다. 다만 이런 관계에다가 만기(시간)와 채권가가의 신용 등급에 따른 신용 위험에 대한 대가(프리미엄)의 개념만 들어간 것이다. 이와 같이 채권의 수익률(이자율)이 올라가면 채권가격은 내려가고, 반대로 수익률(이자율)이 내려가면 가격은 올라간다.

　이러한 요인들과 채권의 수익률과의 관계는 대략 다음과 같이 요약된다.

주요 요인		채권수익률	주요 요인		채권수익률
경기	좋아지면	상승	채권의 수요공급	공급이 많다	상승
	나빠지면	하락		수요가 많다	하락
물가	올라가면	상승	시중의 자금사정	풍부하면	하락
	내려가면	하락		부족하면	상승
한국은행	국채를 사들이면 (이자율 낮추기)	하락	환율	우리 돈 값이 내리면 (환율인상)	상승
	국채를 파는 경우 (이자율 높이기)	상승		우리 돈 값이 오르게 되면 (환율인하)	하락

　말 그대로 채권을 '시장가격'으로 평가한다는 것인데, 뚱딴지같이 무슨 소리냐 이해를 못하겠다, 이제까지는 시가로 평가하지 않았느냐고 반문하시는 분들도 상당히 많은 편이다. 좀더 정확히 이야기 하자면, 증권에는 크게 주식과 채권이 있어서 이 두 가지는 자유롭게 증권시장에서 '사자'와 '팔자'의 가격일치점에서 거래가 되는 게 당연하다. 주식은 당연히 누구나 그 가격을 조회할 수 있고 주식을 산 값에서 현재시가를 평가하여 벌었는지 손해를 봤는지 신문이나 인터넷, 전화 등 각종 매체를 통해 금방 알 수 있다.

하지만 채권(채권도 증권이다)은 만기와 이자율이 정해져 있다는 점이 주식과 다르지만, 엄연히 증권시장에서 사고 팔 수 있다. 물론 채권을 사서 만기까지 보유하고 있으면 처음에 받기로 한 원금과 이자를 받을 수 있다. 하지만 만기가 안 된 상태에서 그 채권을 팔아 현금화시키려면 주식과 마찬가지로 시장가격으로 평가받아 파는 게 당연한 것이다. 하지만 채권시가 평가제도의 실시 전까지 채권이 들어가 있는 상당수 상품은 중도환매(중도에 찾는 경우)일 때 기간 이자율로 계산해서 그 가격을 산정하여 금융권 부실에 한 몫을 했다.

이 제도는 투명성과 국제 표준에 맞추어 은행의 금전신탁 상품이나 투신회사 상품에 들어가 있는 채권에 대해 증권업 협회에서 매일 공시하는 시가평가 기준 수익률로 평가하는 제도이다. 최근에는 예전처럼 장부가 방식의 펀드는 거의 구경하기 힘들어졌고 은행의 단위금전신탁, 공사채형 수익증권 등 거의 대부분이 기준가 방식이어서 금리가 오르면 심하면 원금도 제대로 못 건지는 사태가 벌어질 수 있다.

도박하다 인생 망치는 법

피박서 과장과 주인해 과장은 대기업인 K회사의 입사 동기이자 고향 친구이고 10년 전 입사 당시만 해도 모든 면에서 비슷했었다. 무일푼으로 직장생활을 시작한 점도 같고 대학교도 같은 동창인데다가 평범한 서민 가정 출신이고 사는 형편도 비슷하고 거주지마저도 강동구 고덕동의 저층 주공 아파트여서 많은 점이 유사하다. 하지만 재산 상태를 비롯해 돈을 관리하는 차원에서 보면 현재 이들 둘의 모습은 극과 극이다.

같은 지역의 아파트 15평형(현재 시가 3억8,000만 원)에 살지만 피 과장은 전세 6,000만 원의 보증금으로 임차거주하고 있는 반면, IMF 때 모은 돈으로 국민주택기금과 일반은행 융자 4,000만 원을 포함해 1억 원 정도를 지불하고 산 주 과장은 주택의 소유주이다.

성격과 취미의 차이가
이들을 크게 갈라놓았다.
물론 재산 상태만 놓고서
사람의 성공여부를 가늠한
다는 것은 그다지 바람직하
지는 않지만, 결국 마인드
의 차이가 결과의 차이로
나타난다는 것을 보여주는
전형적인 예인 것이다.

1999년 중반 무렵, 피 과
장과 주 과장은 이 때 결정
적인 갈림길에 서게 된다.
둘 다 만기가 된 근로자 장
기저축의 원리금 3,000만
원을 수령하게 되어 여유자금이 생긴 것이다. 증시는 1,000포인트
로 치닫고 있었고 여러 가지 뮤추얼 펀드다 주식형 수익증권이다
해서, 투자열풍이 일던 시기에 강원랜드의 공모주 청약(청약가격:
주당 18,500원)이 있었다. 주 과장은 피 과장에게 함께 공모주 청약
을 하자고 권했고, 피 과장은 신문에서 본 주식종목 분석 전문가(애
널리스트)들의 대체적인 견해가 강원랜드의 주식은 최고 6~7만 원

까지 상승할 수 있지만, 적정 가격은 3~4만 원 수준이라는 것이었다. 따라서 이왕 주식에 투자할 것이라면 화끈하게 작전 종목을 잡아서 단기간에 5~10배로 오를 종목을 해야지 그렇게 밍밍한 종목은 투자하기 싫다는 이야기였다. 강원랜드가 개장하면 그 때 가서 손님으로 기분 좋게 한판 땡기자(?)고 오히려 주 과장에게 공모주도 하지 말라고 강권했다.

하지만 주 과장은 "도박장에서 돈을 어떻게 버냐? 결국에는 도박장 주인만 돈 버는 법이야. 합법적으로 주식투자를 통해서 카지노의 주인이 될 수 있는데, 얼마나 좋은 기회야?"라며 주장했다. 피 과장은 이에 수긍하면서도 '화끈한 투자가 남자다운 것'이라며 고집을 굽히지 않았다. 자신은 코스닥과 함께 작전 종목을 잘 찾아서 투자한 뒤, 그 때 가서 강남 압구정동에 평수가 큰 집도 장만하고 남부럽지 않게 살아갈 것이라며 내 돈 갖고 내가 맘대로 할 테니까 걱정 말라고 큰 소리쳤다.

이 후 공모주 청약으로 약간의 주식을 산 주인해 과장은 여유자금으로 틈만 나면 장외거래를 통해 도박장의 주인 되기를 꾸준히 하여 700주까지 보유하게 되었고 2002년 초 20만 원을 뚫자마자 처분한 뒤, 그 자금을 배당금과 함께 현금계좌(MMDA)에 굴리다가 2002년 9월부터 종합 주가지수가 700포인트를 하회하고, 코스닥이 50포인트 밑으로 내려가자 강원랜드를 13만 원 이하에서 계속 다시 사들이고 있다. 결국은 동일한 자금으로 주식 수가 1,100주를 넘기게 되는 셈이다. 여러 가지 변수가 있긴 하지만, 주 과장은 '도박장의 주인 되기'를 꾸준히 할 예정이다. 아울러 강동구의 집이 좋긴 한데, 평수가 너무 작은 관계로 4억 원에 처분하고 그 가격의 절반에 해당하는 2억3,000만 원을 주고 두 배나 넓은 분당의 31평형 단지형 저층빌라로 이사 갈 예정인데 나머지 1억7,000만 원은 여유자금으로 안전하게 운용할 생각이다.

한편 피박서 과장은 코스닥 닷컴기업에 투자했다가 처음에는 두세 배에 해당하는 수익률을 시현하다가 욕심을 더 내게 되어 주위친지들의 자금마저 끌어들이고 대출까지 받아서 투자하다가 급기야는 날마다 곤두박질치는 주가로 원금까지 날리게 되었다. 허전한 마음을 달랠 길 없어 언제부터인가 주말에 강원랜드가 있는 강원도 정선으로 드라이브를 하게 되었고, 넘쳐 오르는 욕구를 감당할 길 없어 게임을 즐기다가 결국은 예금자산까지 다 까먹고 그나마 있는 전세자금마저도 위협받게 되었다. 과거 3년 동안 다니는 회사의 임금 인상률은 연 5.5%이다. 소득 증가율은 뻔한데 빚이 늘어가는 속도는 엄청 빨라졌다. 그가 보유하고 있는 신용 카드는 12개로 최근에는 돌려 막기도 어려운 형편이다.

이런 그의 상황이 일에 지대한 영향을 미치는 것은 지극히 당연한 것이다. 또 한 번 구조조정의 시기가 오면 1순위 대상자가 될 것은 자명한 일이 되었다. 현재 그의 순자산은 5,000만 원. 남들은 호황이다 뭐다 하는데, 자신은 점점 힘들어진다. 암울한 미래만이 머리 속에 맴돌 뿐이다.

【피박서 과장과 주인해 과장의 재무상태 표】

	피 과장	주 과장
연봉	4,000만 원	4,000만 원
취미	포커, 각종 게임	영화감상, 볼링
2년 전 목돈(여유자금)	**3,000만 원**	**3,000만 원**
자금 사용처	작전 종목투자 및 강원랜드 방문	강원랜드 주식 매입
강원랜드 순손익	3,000만 원	1억4,000만 원
현재 순자산	5,000만 원	5억4천만 원+@
노후생활자금 확보기간 (월 생활비 200만 원 기준)	2년 치 물가상승률과 투자수익률 동일	22년 치 (가정치)

인간 본성과 돈 관리

1. 손님은 도박장에서 돈을 잃고 도박장 주인은 돈을 번다.

2. 도박과 투기의 탐닉은 본업에 대한 몰입도를 떨어뜨린다. 아울러 사고의 위험성이 커지므로 잠재적 고용불안(퇴출 가능성)도 내부적으로 증가한다. 또한 앞으로의 생활에 대한 불안도 더욱 더 커진다.

3. 집부터 장만하라. 부익부 빈익빈 현상은 한 번 생기면 가속화되고 생활의 경제적인 안정도는 어느 순간에 거의 판가름 난다. 위험자산에 투자하기 전에 집을 장만하고 여유자금이 아니라면 포기하라.

4. 생계대책으로 써야 할 자금에 손대지 마라. 어른이 되고 가장이 되면 모든 행동에 책임을 지고 가족을 먼저 생각해야 한다. 재미로 하는 도박이 습관이 되면 대부분 인생을 말아 먹는다. 순간의 달콤함이 쓰디 쓴 인생의 지름길이다. 이런 경우 노후는 경제적 및 정신적 처참함을 잉태한다.

5. 도박은 인간의 본성이다. 주인해 씨의 생각처럼 도박업은 인류가 존재하는 한 불황을 모른다. 돈을 벌려면 재미는 없더라도 도박장의 주인(주주)이 되는 편이 낫다.

환율로 왕창 손해 보는 법

지금은 글로벌 시대이다. 이젠 해외여행과 외환에 대한 부분이 자연스런 생활의 일부가 되고 있다. 생활에 필요한 기본적인 돈 관리 정보를 알아보자.

1. 환전

환전도 주거래 은행을 이용해야 유리하다. 은행마다 주거래 고객에게는 환율 우대 서비스를 시행하고 있어 최대 33%의 할인 혜택이 주어지고 있고(U$기준 1만 불 환전 시에는 8만 원 이익) 해외여행이 많은 성수기에는 그 이상의 할인혜택을 주기도 하므로 반드시 주거래 은행을 정해서 거래하는 것이 돈을 관리하는 데 필수 요건이다. 반면 공항 환전소는 한 번 거래하고 끝나는 고객들을 상대하므로 환전과 관련한 서비스가 거의 없는 편이다. 은행에서 환전 이벤트를 하더라도 공항 환전소는 대부분 해당하지 않는다.

또한 은행마다 기준 환율이 다르므로 환전 우대도 중요하지만 실제 환율이 얼마인지 따져봐야 한다. 주거래 은행이 없다면 환전하기 전에 몇 개의 은행에 환율을 문의해 본다. 또 환전 금액이 큰 경우 환전 수수료를 은행과 협의해 결정할 수 있으므로 수수료를 더 아낄 수 있다. 은행에서는 한국은행에서 제시하는 기준 환율 이외에 은행자체에서 기준 환율과 매도매입시 환율을 정해 놓는다. 이 기준 환율에 따라 각 은행의 지점에서 환율우대를 해주는데, 은행에서 정하는 기준 환율이 얼마냐에 따라서 은행마다 환율이 달라질 수 있다. 만약 환율우대를 해 주는 곳이 있다면 먼저 거래하고자 하는 지점에 환율을 전화로 문의한 다음 가장 싼 곳에서 환전하는 것이 또 하나의 환전 자산관리가 되는 것이다.

해외에 나가려면 필요한 경비를 그 나라의 현찰이나 여행자 수표로 바꾸어야 한다. 환전 시에는 수수료를 부담해야 되므로 가급적 필요한 만큼만 환전을 하는 것이 좋다. 외화현찰로 바꿀 때는 가장 높은 환율로 산다. 귀국 후에 남은 외화는 가장 낮은 환율로 바꿔야 손해를 입지 않는다. 따라서 예산을 세우고 그에 맞는 만큼만 환전을 하고 혹 초과되는 경비는 카드를 사용하는 것이 바람직하다. 또한 외화현찰은 도난, 분실의 위험이 있고 환율도 비싸므로 여행자 수표를 이용하는 것도 좋은 방법이다. 여행자 수표는 환전 시 현찰보다 저렴하게 바꿀 수 있고(U$기준 1달러 당 10원 정도) 분실 시에도 보호가 되므로 권종별로 알맞게 구입하는 것이 좋겠다.

그리고 월드컵 이후 터키, 네덜란드, 독일 등 여러 나라에서 한국에 대한 관심이 고조되고 있고, 우리 국민들도 유럽 지역에 대한 관심이 높아지면서 유럽으로의 여행객이 증가하고 있는 추세이다. 유럽 여행을 할 때에는 달러보다는 유로화로 환전하는 것이 유리하다. 또한 염두에 두어야 할 것은 영국과 스위스는 기준 통화가 유로화가 아니므로 영국 파운드나 스위스 프랑으로 준비하는 것이 좋다.

또한 해외 부가가치세 환급(TAX REFUND)제도가 있는데 외국인 관광객을 대상으로 소비자 가격에 포함된 부가가치세를 환급해 준다. 외국에서 쇼핑을 할 경우, 거의 모든 상품의 소비자 가격에는 부가세가 포함되어 있으나 외국인 관광객이 구매품을 소지하고 출국할 때는 부가세가 적용되지 않는다. 따라서 일정한 절차만 거치면 구입한 물건에 부과되는 VAT(부가가치세)를 돌려받을 수 있다.

유럽 25개국과 싱가포르에서 통용되고 있는 이 제도는 TAX FREE SHOPPING 로고가 붙은 상점에서 상품을 구입한 후 환불 창구에서 환불을 받을 수 있는데 국내에서는 모 은행 월드센터에서 환불 서비스 대행업무를 하고 있으며, 이 서비스를 이용할 경우 많게는 20%나 경비를 절약할 수 있다.

2. 신용 카드

환율이 떨어질 것 같으면 신용 카드를 쓰는 것이 좋다. 현금 서비스, 과소비 등 뭐든지 과하면 좋지 않지만, 신용 카드는 알맞게 사용하면 약이 될 수 있다. 특히 해외 여행을 할 경우 신용 카드의 사용은 더욱더 그러하다. 즐겁고 유익한 해외여행을 위해 신용 카드 사용법을 알아두면 도움이 된다.

보통 환율이 올라갈 때는 신용 카드 사용을 줄이고 환전을 최대한 하는 것이 유리하다. 해외에 나가기 2~3주 전쯤 미리 단기 외화 예금(제한이 없다)을 하는 것도 좋다. 하지만 환율이 하락할 때는 현찰보다는 신용 카드를 사용하는 것이 유리하다. 물론 환율이 안정된 경우에도 이자와 환전 수수료를 고려하면 신용 카드를 사용하는 것이 유리하다.

해외여행 시 간혹 신용 카드를 분실하고 어쩔 줄 모르는 경우가 있는데 걱정할 필요가 없다. 카드 회사에 즉시 신고하고 제3자의 부정사용으로 인한 경우 귀국 후에 2만 원 정도의 비용부담으로 그 청구분에 대해 환급형식으로 돌려받을 수 있다.

각 카드 회사는 해외에서의 사용한도가 3천 불에서 6천 불까지 다양하다. 월간 이용한도는 이용대금 결제일에 관계 없이 매월 1일부터 말일까지이므로 유의해야 한다. 카드 사용은 외환관리법상 통합한도로 관리되므로 미리 점검해보고 가지 않으면 낭패를 볼 수

있다. 최근(2002년 7월 1일부터)에 해외에서 사용할 수 있는 신용 카드 한도는 현재 건당 5천 달러로 신용 카드를 이용한 대외거래의 국내결제한도가 폐지되었지만, 연간 미화 2만 달러를 초과하면 국세청, 관세청에 통보된다.

신용 카드를 쓰면 이모저모 제법 혜택이 있다. 대부분의 카드 회사는 항공사와 업무제휴를 해 스카이패스 마일리지 서비스를 제공하고 있다. 항공기 탑승 시 마일리지 계산하는 것을 잊지 말아야 한다. 마일리지가 쌓이면 제주도 항공권도 무료로 받을 수도 있다. 일부 카드 회사에는 우량고객에게 1억 원에서 최고 5억 원까지 항공상해 보험에 가입해주기도 한다. 단, 항공권을 해당 카드로 구입한 경우에 한하는 조건이 있다. 또한 해외에서 신용 카드를 사용하게 되면 신용 카드 소득공제 범위 내에 포함되지 않으므로 유념하여야 한다. 따라서 어차피 살 물건이라면 출국할 때 공항 면세점에서 미리 카드를 사용하여 사는 것도 방법이라고 할 수 있다.

금융권의 각종 사은행사에도 눈 여겨 보면 돈을 벌 수 있다. 금융권에서는 여름 휴가철을 맞아 대여금고를 무료로 운영하는 서비스도 제공하고 있으니 귀중품은 안전한 은행 대여금고에 맡기고 가족과 함께 즐거운 여행을 다녀오면 된다. 보통 여름에는 해외여행 특수를 노린 은행에서 대대적인 환전 이벤트를 한다. 환전 이벤트를 통해 환전우대, 보험가입, 각종 이벤트에도 당당하게 응모하는 게 바람직하다.

3. 해외송금

환율의 상승이 예상되면 해외로의 송금도 서둘러야 한다. 반대로 환율의 하락이 예상되면 달러화 환전은 최대한 늦추고 해외송금도 뒤로 미루는 게 좋다. 환율을 결정하는 요인을 잘 따져서 환율을 예측하는 능력을 키우는 것이 관건인데, 개인 입장에서는 환율을 예측하는 것이 매우 어려운 일이다. 따라서 외화 수요가 있을 때는 가급적 환율 전문가나 환율예측 전문기관을 이용하여 전망을 조언 받는 것이 필요하다. 그러면 환율은 어떻게 결정되는지 간단히 살펴보자.

그 나라의 환율을 결정하는 데에는 많은 요인이 작용하지만 대체로 우리 경제가 다른 나라에 비하여 유리한 변수가 발생하면 원화 환율이 하락(원화 가치는 상승)한다. 우리나라의 경기가 회복되거나 수출이 늘고 주가가 상승하면 외국 자금이 많이 들어오게 되고 원화 가치는 상승하는 것이다. 반대로 국내 경기가 악화되고 수출이 감소하고 주식시장이 침체될 경우 원화 가치는 하락하게 된다. 특히 일본 엔화 가치는 원화 가치를 결정하는 데 절대적인 영향을 미치고 있다.

당장 필요한 자금이 아니거나, 투자 목적으로 이용할 경우에는 정확한 환율을 예측한 후 금융기관에서 판매하고 있는 각종 상품을 꼼꼼히 살펴보아야 한다. 환율 관련 상품을 고를 때 환율이 당초 예상과는 반대로 움직여 손실이 발생할 경우 이것을 보상해 주는 방안이 있는지도 잘 살펴봐야 한다.

일부 은행에서 외화예금이 만기될 때의 환율이 예금을 가입했을 때의 환율보다 일정 폭 이상 하락하는 경우에는 손실액 중 일정액을 환차보상금으로 지급하는 상품이 있다. 또한 상승 또는 하락 폭에 따라 보상이자를 추가로 지급해 환율변동에 따른 손실 위험을 일정 부분 방지해 주는 상품도 있으므로 이런 상품을 이용하는 것도 좋은 방법이다.

4. 외화예금

외화예금은 입출금이 자유로운 외화보통예금과 7일 이상 일정기간을 정하여 예치하는 외화정기예금이 있다. 외화예금은 소액으로도 가입이 가능하고 누구나 예치할 수 있어서 환율 상승기에 환차익을 얻으려는 사람이나 유학생을 둔 부모가 가입하기에 적당한 상품이다.

환율이 오를 것으로 예상되면 바로 환전해서 남은 기간 동안 외화예금에 예치하면 환율상승에 따른 이익을 볼 수 있고 정기예금 금리도 받을 수 있다. 그러나 원화 강세가 지속된다고 예상되면 투자 목적으로 가입한 달러화 외화예금은 비중을 줄여야 한다.

반면 유로화 정기예금은 달러화 예금보다 금리가 높다. 또한 유로는 현재 강세이므로 유로화에 대한 관심도 가질 필요가 있겠다. 이자 소득세율은 원화예금과 동일하게 16.5%가 적용되고, 필요할 때 중도해지도 가능하나 예금자 보호대상이 아니므로 우량은행에 예치하는 것이 바람직하다.

그리고 유학생 송금과 관련하여 또 한 가지 경제적인 방법은 송금 횟수를 최대한 줄이는 것이다. 해외로 송금할 때마다 일정액의 수수료가 들기 때문이다. 일부 학무모의 경우 자녀가 혹 낭비라도 할까 염려되어 생활비를 매달 송금하는 경우가 있다. 그러나 이 경우 매번 수수료를 부담해야 하므로 일정액을 한꺼번에 송금하고 자녀에게 계획성 있는 생활을 할 것을 독려하는 것이 바람직하겠다.

5. 외화자산

환율이 변동하는 추이를 예측하고 이를 토대로 자금을 운용하여 이익을 얻는 외환 투자의 방법 중에 외화채권을 매입하는 것이 있다. 외화자산으로 장기 운용할 경우 외화표시 채권을 매입하는 방법인데 증권회사에서 매입이 가능하며 가입금액은 대개 미국 달러 기준으로 10만 달러 이상의 거액으로 거래된다.

또 이미 발행되어 있는 채권을 매입해야 하기 때문에 기간도 마음대로 결정할 수 있는 것이 아니어서 제한적일 수밖에 없다. 하지만 1998년 12월 31일 이전에 내국법인이 발행한 외화표시 채권의 경우 이자소득세가 면제(단, 농어촌 특별세로 1.5% 과세)되는 이점이 있고 금융소득종합과세에도 제외된다. 그러나 중도해지가 불가능하여 예상치 않게 만기 이전에 자금이 필요할 경우 중도 환매하면 시장 상황에 따라 매매손실이 발생할 수도 있으므로 환 리스크도 고려해야 한다.

또한 외국 자산운용회사가 해외 유가증권에 투자하는 해외 뮤추얼 펀드가 있는데, 운용 목적에 따라 전 세계의 지역별, 상품별, 투자 대상별 및 투자 목적별로 다양하게 투자할 수 있다. 계속되는 시중 금리의 하락으로 국내 투자만으로는 고수익을 기대하기 어려우므로 좀더 높은 수익률을 달성하고자 달러나 유로, 엔 등 각 펀드의 통화로 해외자산에 투자하는 뮤추얼 펀드에 관심이 많아지고 있는

데, 다년간의 검증된 운용기관의 전문 펀드매니저에게 맡기는 것이 중요하다.

해외 뮤추얼 펀드에 가입할 때 고려해야 할 점은 고객의 자산을 운영할 자산운영회사의 운용능력도 중요하지만 환 리스크 및 해외 시장이 변동할 때의 위험을 이해하고 투자를 결정하여야 한다는 것이다. 또한 가입하고자 하는 상품이 해외 투자에 가장 큰 변수인 환율변동에 따른 위험을 제거하기 위해 가입한 원금에 대해 환 리스크 헷지 수단을 제공하는지도 꼭 확인해 보아야 한다. 마지막으로 해외 뮤추얼 펀드는 중장기 투자에 적합한 상품임을 명심한다.

6. 환율

환율은 주식과 마찬가지로 전문가라도 정확한 예측을 하기가 매우 어려운 일이다. 가령, 주식 전문가와 침팬지가 수익률 게임을 했다고 하자. 무심히 다트에 던져 종목을 선택한 침팬지가 더 우수한 수익률을 내 게임에서 이기기도 한다. 따라서 외화가 필요하면 차라리 미리 준비 기간을 갖고 분할 매입하는 방법은 어떨까 싶다. 아들을 유학 보낸 경우에도 연초에 한꺼번에 외화예금에 가입하지 말고 유학 계획을 세운 때부터 조금씩 분할 매입하고 원화 강세가 예상되는 시점에서는 좀더 추이를 지켜보고 환전(외화예금)을 하면 비용을 많이 절약할 수 있을 것이다.

예를 들어, 5년 후에 자녀의 유학과 관련해 필요한 돈이 6만 달러라고 하자. 환율은 알 수 없는 미래의 영역이다. 분할 적립계획에 따라 1년에 12,000달러씩 적립하는 데, 1개월에 1,000달러씩 일정한 시점에서 외환을 적립하면 5년 후 시점에서 되돌아보면 과거 5년 동안의 평균치에 가깝게 환율이 적용되어 있을 것이다. 즉 중간은 간다는 이야기다. 환 투기를 할 의향이 아니라면 목적에 맞는 설계와 실행이 중요하므로 이 방법이 나름대로 훌륭한 방법이 될 수 있을 것이다. 환 딜러가 아니면서 환율 추이를 보면서 대비한다는 것은 무척 어려운 일임을 알아야 한다.

이제 바야흐로 글로벌 시대가 본격화되고 있어서 환율이 우리 생활의 전반에 영향을 미치고 있다. 지금의 청장년 세대는 특히 유학, 해외 체류, 해외 여행, IMF 통화위기, 이민 등 여러 가지 경험을 갖고 있다. 나중에 미국에서 거주하게 될지 아니면 유럽이나 캐나다, 호주, 뉴질랜드, 중국 등 여러 나라를 여행하게 될지 알 수가 없다. 다만, 우리나라 말이 국제 공용어로 인식되고 있지 않는 것처럼 우리 돈(원화)도 역시 국제 공용통화가 아니다. 우리나라를 제외하고는 아직 통용되기엔 어려움이 있다. 따라서 외환의 문제는 우리에게 진정한 의미에서 화폐가치의 저장에 대한 생각을 해보게끔 한다. 따라서 전문가가 아니더라도 생활에 꼭 필요한 정보는 챙겨두는 것이 바람직하겠다.

해외 이주자를 위한 돈 관리 요령

누구나 다 한 번쯤은 자녀 교육 목적이든 더 나은 삶을 찾아서든 해외 이주를 고려해 본 경험이 있을 것이다. 실제로 전 재산을 정리해 캐나다나 뉴질랜드처럼 넓고 조용한 나라로 떠나는 앙코르들을 주변에서 쉽게 찾을 수 있다. 하지만 다시 돌아올 경우나 자녀들을 위해 일부 재산을 국내에 남겨두려는 앙코르들도 있다. 또 국내에 여유 자산을 갖고 있는 해외 이주자들도 있다. 국내에 여유 자산이 있는 경우 어떻게 투자해야 할까?

특히 개정된 재외동포 재산 반출법이 2002년 8월부터 적용되면서 해외 이주자들은 국내 여유 자산을 계속 국내에 투자하느냐 아니면 해외 이주국으로 옮겨 투자하느냐를 두고 머리를 싸매고 있다. 나는 신규 사업 등으로 인해 해외에서 목돈이 필요한 경우가 아니라면, 해외보다 국내 금융기관에 여유 자금을 투자할 것을 권하고 싶다. 해외 이주자가 국내 금융기관을 통해 자금을 운용할 때 유리한 점들이 한둘이 아니기 때문이다.

1. 국내 금융기관의 예금금리가 2~3% 더 높다.

먼저 우리나라 사람들이 이민을 많이 가는 미국이나 캐나다 등의 은행 예금금리보다 국내 금융기관의 예금금리가 높다. 1년짜리 정기예금을 기준으로 보면 우리나라 은행은 연 5.0% 정도의 금리를 지급한다. 그러나 미국, 캐나다 등의 예금금리는 연 3%대에 불과하다. 연 2%포인트 차이인 예금 이율이 과거 고금리 시절에는 별 것이 아니었을지 모르겠지만 저금리 시대에는 매우 큰 차이로 작용한다.

2. 해외 이주자에게는 낮은 세율이 적용된다.

해외 이주자들은 국내 거주자에 비해 이자 소득에 대해서 낮은 세율을 적용 받는다는 점도 여유 자금을 국내에 투자할 매력 포인트이다. 미국, 일본, 뉴질랜드 등 많은 나라들과 체결된 조세협약에 따라 해당국으로 이주를 한 사람들의 예금 이자에 대해서는 '제한 세율'이 적용되기 때문이다. 제한 세율이란 해외 이주자가 국내 금융기관에 예금하는 경우 적용되는 세율을 말하며, 보통 국내 원천징수 세율보다 낮다. 예를 들어, 국내 일반인이 은행에 정기예금을 가입했을 때 발생한 이자소득에 대해서는 16.5%(이자소득세 15%+주민세 1.5%)의 세율이 적용된다. 그러나 미국으로 이민을 간 해외 이주자는 12%(주민세 포함 13.2%)의 제한 세율이 적용된다. 일본, 뉴질랜드, 베트남, 중국 등은 제한 세율이 10%로 더 낮다.

3. 완화된 재산반출제도를 이용하라.

2002년 8월부터 적용된 해외 이주자에 대한 재산반출제도(해외 거주자가 국내에 있는 본인 자산을 현지로 가져가는 것과 관련된 제도)가 상당히 자유로워졌다는 점도 해외 이주자 입장에서는 긍정적이다. 부동산 매각 자금은 물론 주식이나 은행 예금 같은 동산 매각 자금도 자유롭게 반출할 수 있다. 1인당 10만 달러(미국 달러화 기준)까지는 재외동포 증빙서류만 제출하면 반출할 수 있고, 10만 달러를 초과할 경우는 국내 세무당국이 발급한 자금출처 확인서를 제출하면 된다.

PART 3

돈을 굴리려면 제대로 굴려라

먼저 빚부터 청산해라

나는 강연기회가 있을 때마다 특별한 경
우를 제외하고는 가장 훌륭한 자산관리 비법은 돈이 생길 때마다
빚을 갚는 것이 그 어떤 세금혜택이 있는 상품에 가입하거나 불입
하는 것보다 낫다고 힘주어 강조한다. 이것은 돈을 버는 요령 중에
서 가장 기본이다. 그렇다면 현실적인 이유를 살펴보자.

먼저, 어떠한 예금상품 이자도 대출 이자보다 현실적으로 높기
어렵다. 왜냐하면 금융기관은 기본적으로 예대마진(예금과 대출의
이자 차이)으로 먹고 살기 때문이다. 손해 보는 짓을 해서 언제 돈
벌어서 부실채권을 없애고 임직원에게 월급을 주고 전산에 투자하
고 주주에게 배당을 주겠는가? 그러므로 예금할 여력이 있으면 빚
을 먼저 갚는 게 순리다.

둘째, 세금효과 부분이다. 일반적으로 대출이자가 연 7.5%이고 정기예금 이자가 연 6%라고 한다면 일부 소득공제가 되는 주택관련 대출이 아닌 일반대출의 경우는 이자 지급액에 대해 세제혜택이 없다. 또한 비과세 상품을 제외한 예금 이자에는 당연히 이자 소득세 16.5%가 부과된다. 따라서 대출을 갚게 되면 비과세 7.5% 이자에 해당하는 저축을 하는 셈이다.

셋째, 실질 이자율 효과 부분이다. 위의 예에서 대출이자는 보통 매월 이자를 내는 것이고 예금이자는 만기에 지급하는 것이다. 매월 이자는 복리효과를 감안하면 연 실효 수익률이 약 8%에 해당하고 예금은 세금을 떼고 나면 연 5% 정도에 불과하다. 표면적으로는 1.5% 차이이지만, 실제로는 1년에 3% 정도 차이이다. 연 복리 3% 차이는 5,000만 원 기준으로 20년 후에는 무려 1억 원의 차이를 발생시킨다. 또한 위의 대출을 갚게 되면 일반 정기예금 1년짜리 세전 9.5%짜리에 가입하는 것과 마찬가지이다. 요즈음 이런 금리가 있는가?

넷째, 부채상환으로 인한 재무적인 안정성 향상이다. IMF 이후에 구조조정에 성공하고 주가가 오른 기업들을 살펴보라. 대부분 부채비율이 낮거나 빚을 갚아서 금융비용이 줄어든 기업들이다. 개인도 마찬가지이다. 부채는 여러 가지 다른 관리 비용을 발생시킨다. 각종 부대비용(인지세, 설정비용, 감정료), 만기관리, 부채상환

자원의 마련(이자가 낮은 적금 등) 등 뿐만 아니라 본업에 충실할 수 없는 것은 물론이고 생활하는 데도 위협을 받게 만든다.

다섯째, 가족 전체의 심리적 안정이다. 어떤 형태로든 빚을 지게 되면 가족들에게 심리적 부담감을 안기게 된다. 어쩌면 계산하기 어려운 가장 큰 비용이라고 할 수 있다. 혹여 잘못되어 연체된 경우 집으로 날아오는 변제 독촉장을 가족들이 대신 수령해서 읽어보는 경우를 상상해보라.

하지만 금융부채가 꼭 필요한 경우도 있다. 내 집 마련을 위한 세제혜택이 있는 장기 저리의 대출이 대표적이다. 소득공제가 되는 장기주택 저당차입금이란 세대주가 국민주택 규모 이하의 주택을 취득하기 위하여 금융기관 또는 국민주택기금으로부터 차입한 차입금을 말하며 다음과 같은 3가지 조건을 만족시키는 차입금이어야 한다. 거치기간을 포함한 차입금 상환기간이 10년 이상일 것. 주택소유권 이전등기 또는 보존 등기일로부터 3월 이내에 차입할 것. 채무자가 저당권이 설정된 주택의 소유자일 것이다.

이와 같이 빚은 꼭 필요할 때 짧게 쓰거나 세제혜택을 받으면서 쓰면 유용할 수도 있다. 뭐든 감당할 수 있는 능력을 벗어나는 것이 문제가 되는 법이다.

빚을 갚는 게 예금을 하는 것 보다 유리한 명백한 이유를 따져 보자. 대출은 매월 이자를 지급해야 한다. 그리고 복리효과를 감안하면 명목금리보다 실제 금리가 높다. 명목금리일지라도 보통 예금금리보다 최소 1%이상 높은 편이다. 장기 저당차입금 등을 제외한 일반대출은 세제혜택(소득공제/세액공제)이 없다. 특히 저당차입금의 경우 부대비용이 든다. 경우에 따라 중도상환 수수료가 있다.

반면에 예금을 할 경우 일부 비과세 상품을 제외하고는 대부분 세금을 낸다. 정기예금의 경우 복리가 아니라 단리로 표시해서 실질수익률이 낮고 중도해지가 불리하다. 즉 이자율이 무척 낮다. 예를 들어 5,000만 원을 대출 받은 사람이 부득이한 사유이든지 아니면 아무 생각 없이 같은 금액을 예금거래도 병행해서 하고 있다고 가정하면 그 차이가 얼마인지 다음과 같이 계산으로 알 수 있다. 아래 표처럼 20년 후에는 무려 9,000만 원의 차이가 발생하는 것을 알 수 있다.

【대출과 예금 이자율 비교】

	금액	이자율	세후 연실효	연간 세후 이자	10년 후 원리금	20년 후 원리금
대출	50,000,000	7.50%	7.76%	3,881,630	105,603,232	223,040,852
예금	50,000,000	6.00%	5.01%	2,505,000	81,522,331	132,917,809
스프레드		1.50%	2.75%	1,376,630	24,080,901	90,123,043

비과세와 세금우대 상품의 차이

비과세와 세금우대 상품은 어떤 점이 다른가? 금융기관에서 상담업무 종사자들이 고객 상담을 하다 보면, 고객과 상담원간에 서로 답답한 경우를 간혹 맞게 된다. 많은 경우가 있지만, 그 중 하나가 고객들이 세금우대와 비과세를 혼동하고 구분하기 어려워한다는 점이다. 하지만 고객 입장에서 이것은 당연하게 생각할 수 있는 일이고 금융업 종사자가 아닌 이상 이런 용어를 구분하지 못할 수도 있는 것이다. 아주 기본적인 사실이긴 하지만, 일반적인 상식이라고 해서 누구나 다 알 수 있는 것은 아닌 것이다. 어쨌든 이러한 세금혜택이 있는 상품에 가입하는 것은 돈을 관리하는 데 있어 그 무엇보다도 우선되어야 함은 당연하다.

1. 비과세: 이자나 배당소득에 대해 세금이 아예 없다.

非과세라 함은 문자 그대로 세금을 내지 않는 것을 의미한다. 과세되지 않는 소득이므로 당연히 종합과세에는 포함되지 않는다. 이는 그야말로 세제 혜택이므로 1인당 가입 한도가 제한될 수밖에 없는 것이다. 따라서 정부에서는 경제 및 금융시장의 상황에 따라 이러한 비과세 상품의 허용 및 폐지를 중요한 정책 수단으로 활용하고 있다.

금리가 한 자릿수에 머물고 있는 지금, 이자에서 세금을 과세하지 않는 비과세 상품의 선택만으로도 일반 과세 상품에 비해 1% 이상의 추가수익을 얻을 수 있을 뿐만 아니라, 일부 상품은 연말정산이나 종합소득세 신고 시에 소득공제, 세액공제와 같은 부수적인 혜택도 받을 수 있다. 그러나 비과세 상품이라 하여 무조건 가입할 수 있는 것은 아니므로 가입자격, 저축기간 등을 면밀히 검토한 후 투자자에게 가장 적합한 상품을 선택하는 것이 현명한 방법이다.

2. 세금우대: 세금을 내지만 세율을 우대해서 정상세율보다 깎아준다.

세금우대라 함은 금융상품에 대한 이자나 배당에 대해 세금을 전혀 내지 않는 비과세와 달리 세금을 내긴 내되, 정상적인 세율보다 깎아(우대해) 주어서 세금을 보다 적게 낸다는 것을 말한다. 금융상품이 만기가 되어 해지를 하게 되면 해당 상품에서 발생한 모든 이자소득이 투자자의 소득이 되는 것은 아니다. 일반 과세의 경우에는 이자 소득세(15%)와 주민세(1.5%)를, 세금우대로 가입한 경우에는 이자 소득세(10%)와 농어촌 특별세(0.5%)를 공제한 후의 금액이 투자자의 몫이 된다.

이러한 세금우대는 2001년도부터 대부분의 금융상품에 구애받지 않고 전 금융기관 통합한도(1인당 4,000만 원으로, 노인(남자는 만 60세, 여자는 만 55세)/장애인/국가 유공자 등은 6,000만 원, 미성년자는 1,500만 원)로 관리되고 있으면서 비과세 상품 가입 한도와는 별도로 구분되어 관리된다. 따라서 비과세 상품에 가입하였다 하더라도 자금의 여유가 있다면 세금우대로의 가입이 가능하다. 또한 이 세금우대 상품에 가입한 경우 비과세 상품과 마찬가지로 금융소득 종합과세에 해당하지 않는 장점이 있다.

열+✌

열두 번째 이야기

대출을 받느냐 적금을 깨느냐

사람은 생활하면서 늘 어떤 계획을 하게 되고 아니면 적어도 나중을 생각해서 행동하려는 경향이 있다고 한다. 하지만 지극히 당연하게도 계획한 그대로 100% 이루어지는 법이 없다. 금전 관계도 마찬가지이다. 상담을 하다 보면 많은 사람들이 인생 단계별로 장래의 노후자금을 위해서 돈을 모으다가 예기치 않은 일로 인해 계획을 예정대로 이행하지 못하고 적립한 돈을 중도에 찾게 되거나 예금이나 적금인 경우에는 대출을 받는 경우를 겪게 된다.

회사원 나급해 씨의 예를 들어보자. 그는 유일하게 3년 동안 월 50만 원을 불입하는 연 8.5%짜리 비과세 근로자 우대저축에 가입하고 있다. 그런데 현재 전세로 살고 있는 집이 만기가 되어서 보증금을 현재 저축의 불입원금에 해당하는 1,200만 원이나 올려주어야 할 상황이다. 만기를 1년 남기고 중도해지(이율 연 3%)를 해야 할 상황이 된 것이다. 그는 고민에 빠지게 되었다. 눈물을 머금고 중도해지해야 하나, 아니면 적금을 담보로 대출이라도 받아야 하나?

일반적으로 다음과 같은 과정을 거쳐서 결정해야 한다. 단, 여기서 모든 이자는 복리가 아닌 단리로 가정하였고, 시간의 화폐가치는 고려하지 않았다. 계산 과정은 생략한다.

1. 중도해지 시점까지의 정상 이자를 계산해본다. (은행 창구의 상담 직원에게 부탁한다)
   – 계산해 보면 1,062,500원이 나온다.

2. 중도해지를 할 경우(비과세 혜택이 없어진다) 세금 떼고 난 뒤의 이자를 계산해본다.
   – 계산해 보면 313,125원이 나온다.

3. 중도해지에 따른 손해금액을 계산해본다. (1번에서 2번의 금액을 뺀다)
   – 계산해 보면 749,375원으로, 대략 75만 원 돈이다.

4. 만기까지의 대출이자와 현재까지 불입한 적금이자와의 차이를 따져본다.(보통 적금 금리의 1.5% 가산) 적금 불입액의 100%(1,200만 원)까지 대출 받는다고 보고 계산한다. 대출은 2,000만 원까지 인지세가 없다.
   – 계산해 보면 18만 원으로 대출 받음에 따른 손해금액이다.

5. 3번과 4번을 비교하여 손해금액이 작은 쪽(즉, 4번의 대출을 이용)으로 결정한다.

이렇게 하면 대출을 받는 것이 대략 57만 원만큼 유리한 셈이다. 위와 같은 과정을 직접 계산하기보다는 은행 창구에서 차분히 상담을 받는다면 충분히 가능한 일이다. 설령 은행원이 수작업으로는 잘 계산하지 못하더라도 컴퓨터 단말기에서 중도해지 조회가 되고 대출이자와 예금이자 차이 정도는 약식이라도 할 수 있다.

보통 금융상품 중도해지와 대출 받는 것에 대한 관계를 일반적인 원칙으로 말하자면 다음과 같다.

첫째, 만기가 얼마 남지 않은 금융상품은 되도록 중도해지하지 말고 대출을 받아라.

특별한 경우도 있겠지만, 보통 웬만한 금융 상품은 만기가 얼마 남지 않아서 해약하게 되는 경우 상당한 손실을 입게 된다. 특히 비과세이면서 소득공제 혜택이 주어지는 상품이라면 더욱 더 주의해야 한다.

둘째, 정식 만기가 안 되었지만 중도해지 수수료가 부과되지 않는 시점이라면 해지하라. 그리고 가입한 지 얼마 안 된 장기 상품은 원금이 보전된다면 해지하는 편이 낫다.

상품에 따라서(예: 분리과세 신탁, 일부 수익증권, 시장금리 연동형 정기예금 등) 형식적인 만기보다 실질적인 만기가 짧은 경우가 있다. 위의 계산 과정이 아니더라도 이런 경우 약식 만기가 지났다면 해지를 하는 게 대출을 받는 것 보다 유리할 수 있다.

셋째, 만기가 절반 정도 남고 비과세 금융상품에 가입한 경우가 아니라면 대출이자 금액을 따져보고 결정한다. 배보다 배꼽이 더 큰 경우(인지세를 감안할 경우)가 있다. 가령 5,000만 원짜리 단기 (1개월 정기예금 – 연리 세전 4.3%)에 가입하고 나서 만기가 절반 (보름) 정도 남아 예금 담보대출(연 5.8% 기준)을 받고 인지세 4만 원을 포함하면 오히려 만 원 넘게 손해를 본다. 따라서 금액과 기간 에 따른 인지세를 따져본다.

넷째, 앞으로 가입하기 어려운 장기 비과세 상품이면 중도해지를 하지 말고 마이너스 통장의 활용을 검토하라. 늘 자금을 언제 쓸지 모른다고 해서 무조건 입출금 예금을 하는 것이 유리하지 않을 수 있다. 위와 같이 비과세 장기 금융상품 이외에 다른 자금이 없고 잠 깐 쓸 자금이 자주 발생하는 경우에는 대출 받을 때마다 인지세 문제가 발생하지 않게 처음부터 마이너스 통장(한도 약정)을 받는 것도 하나의 방법이다.

대출 유리하게 받는 방법

1. 주거래 금융기관을 이용한다.

흔히 사람들은 예금 금리에만 신경을 쓴다. 하지만 대출을 받을 때에도 금융기관이나 대출상품, 대출방식, 대출금리, 상환방식 등 여러 가지 요인에 따라 다양한 내용이 있으므로 잘 알아보는 것이 좋다. 대출을 할 때에는 내게 맞는 대출 상품을 고를 수 있는 대출 관리 방법이 있다. 금융기관이나 대출금리의 경우에 있어서는 동일한 종류의 대출이라 하더라도 금융기관마다 거래 기여도에 의한 주거래 제도를 운영하고 있기 때문에 가능하면 먼저 주거래 금융기관에 확인하여 금리를 비교하는 것이 유리하다. 또한 반대로 대출을 받음으로 인하여 자신이 혜택을 볼수 있는 제도가 있는지, 이를테면 대출을 받아 주거래 고객으로 선정되었을 때 주거래 전용 창구의 이용, 각종 수수료 면제 또는 감면 등의 어떠한 혜택이 앞으로 주어지는지 등을 꼼꼼히 살펴 자신에게 도움이 될만한 금융기관으로 선택하는 것이 좋다.

2. 기왕이면 인터넷 전용 대출을 이용한다.

인터넷이 발달하면서 역경매 대출도 나오고 있다. 인터넷을 통해 대출을 신청하면 각 금융기관들은 대출 가능 금액과 금리 등 대출 조건을 제시하고, 그러면 신청자는 그 중에서 가장 유리한 조건을 내건 금융기관을 선택하여 대출을 받는다. 이것이 역경매 대출이다. 역경매 대출의 장점은 금융기관이 기존 상품보다 0.5% 이상 할인된 금리를 내걸기 때문에 좀더 싼 이자로 대출을 받을 수 있다는 점이다. 또한 각 금융기관의 정보를 한눈에 비교할 수 있어 각 금융기관을 방문하거나 각 금융기관 인터넷에 접속하여 대출 조건을 비교하는 시간을 절약할 수 있다. 인터넷을 통해 대출을 신청하고 받을 경우 직접 창구를 방문할 때보다 여러모로 혜택이 많다. 시간을 절감하는 것은 물론이고 대출 담당자에게 아쉬운 소리를 할 필요도 없으며, 무엇보다 대출금리가 창구에서 대출받는 것보다 저렴하다.

3. 부지런할수록 저렴하게 대출받을 수 있다.

대출금리는 금융기관마다 모두 다르다. 같은 금액, 같은 조건이라도 어디서 대출을 받느냐에 따라 부담해야 하는 이자금액이 달라지는 것이다. 가장 유리한 곳을 찾아 과거에는 직접 돌아다녀야 했지만 지금은 그럴 필요도 없다. 인터넷 검색만으로 손쉽게 가장 유리한 곳을 찾아낼 수 있다. 대출금리의 적용에는 고정금리대출, 변동금리부대출, 프라임레이트(우대금리) 연동대출 등이 있다. 먼저 고정금리 대출은 만기 약정일까지 금리의 변동 없이 금리가 고정되어 이자 금액이 일수에 따라 일정하며 대출을 할 당시 대부분 변동금리부대출(3개월, 6개월 등)에 비해 금리가 높은 편이지만 금리의 상승이 예상될 때 선택하는 것이 좋다.

변동금리부대출은 시장 실세 금리 반영상품으로 3개월, 6개월, 1년제 등이 있으며 금리의 변동이 적거나 금리의 하락이 예상될 때 선택해 볼 만하다. 프라임레이트 연동대출의 프라임레이트는 은행이 우량 고객에게 적용하는 최우대 대출금리인데 최근에는 프라임레이트를 밑도는 금리의 대출이 대폭 늘어나고 있어 '최우대 대출금리'라는 정의에 꼭 들어맞지는 않고 있다.

4. 대출상환 방식을 이용한다.

대출상환 방식에는 만기일시 상환, 원금균등 분할상환, 원리금균등 분할상환 등이 있다. 만기일시 상환은 만기까지 이자만 납입하다가 대출 만기일에 원금과 이자를 납부하는 방법이다. 원금균등 분할상환은 대출 만기일에 약정한 상환기간까지 매 일정기간마다 원금을 균등하게 분할하여 상환하는 방식이다. 원리금균등 분할상환은 대출을 처음 받을 때부터 상환기간까지 원금과 이자를 모두 더하여 납입 횟수만큼 일률적으로 나눈 방식이므로 불입하는 원리금이 일정하다.

상환방법에 따라 원금균등 분할상환의 경우에는 원금상환 초기에 원금과 이자를 상환하는 데 부담이 다소 크게 느껴질 수 있다. 원금이 점점 줄어들게 되어 이자금액도 줄게 되므로 원리금균등 분할상환 방법과 같은 조건으로 대출을 받았을 경우에 비해 상환 초기에 여력이 있는 경우라면 유리할 것이다.

5. 도중에 상환할 경우 수수료를 따져본다.

당장은 돈이 필요해서 대출을 받지만 중간에 여유자금이 생기면 갚을 수도 있다. 또한 중간에 보다 더 유리한 조건의 대출이 있다면 바꿔 탈 수도 있다. 이 때 예상치 않게 발목 잡힐 수 있는 부분이 대출금 중도상환 수수료이다. 사전에 중도상환 수수료의 유무와 기간별 중도상환 수수료를 꼼꼼히 따져보고 후에 생길지도 모를 중도상환에 대비하는 것이 유리하다.

6. 부대비용을 줄인다.

대출을 받을 때에는 언제나 부대비용들이 있다. 담보물 감정료, 근저당 설정비, 수입인지대 등이 그것이다. 이러한 부대비용은 대출금액과 담보의 종류에 따라 차이가 있지만 조금만 신경을 쓰면 상당부분을 줄일 수 있다. 각 은행의 설정비 면제제도나 인터넷예금 담보대출 수입인지대 면제 등을 적극 활용하여 부대비용을 줄이도록 하자.

7. 자금용도별로 대출을 구분한다.

대출에는 건별대출과 마이너스 대출이 있다. 건별대출은 대출금을 한번 상환하고 나서 이를 다시 사용하려면 새로 대출을 받아야 하는 불편함이 있지만 대신 금리가 저렴하다. 이에 비해 마이너스 대출은 한도 내에서 상환과 재사용이 자유롭지만 금리 면에서는 건별대출에 비해 높다는 단점이 있다. 그러므로 이 두 가지 대출의 특성을 고려해 고정적으로 필요한 자금은 건별대출로, 일시적으로 필요한 자금은 마이너스 대출로 구분하여 받는 것이 불필요한 이자 지출을 막을 수 있는 보다 효율적인 방법이다.

8. 이미 설정된 근저당은 가능하면 그냥 둔다.

담보대출을 받은 뒤 이를 상환하게 되면 대부분의 경우 설정된 근저당권도 함께 해지한다. 사람의 심리가 자신의 재산에 대해 깨끗한 상태로 유지하고 싶어 하고 또한 대출도 갚았는데 저당권을 그냥 놔둘 이유가 없다고 생각하기 때문이다. 그렇지만 근저당권 해지는 언제라도 가능한 반면에, 한번 해지한 다음에 혹시라도 다시 대출을 받으려면 또다시 설정비용이 들어가게 된다. 꼭 해지해야 할 이유가 없다면 이미 설정된 근저당권은 그냥 두도록 한다.

금리 1%에도 연연하라

주로 우량 고객이라고 일컬어지는 분들과 상담을 하다 보면 아무리 친한 사이라고 해도 간혹 "돈은 피보다 진하다"라는 말을 뼈저리게 느끼는 상황이 가끔 발생한다. 금융상품에 신규로 가입할 때나 연장할 때 0.1% 차이라고 해도 무척 민감하게 반응한다는 점이다. 금리가 두 자릿수였을 때는 보통 1% 정도의 차이를 찾아서 이곳저곳 알아보고 결정한다는 점은 아주 전형적인 모습이었다. 물론 여기에는 금융기관의 신용도가 동일하다는 전제조건이 깔려있다.

한편으로 생각해보면 지극히 당연한 일이다. 금리 1%의 차이. 별것 아닌 것 같고 그게 그것인 것도 같고. 대세에 지장이 없다고 대범하게 생각할 수 있지만, 장기간을 두고 따져보면 목숨을 걸어야 할 사안일 수도 있다. 거액이라고 하기엔 무리가 있는 무난한 투자 금액인 5,000만 원을 놓고 따져보자. 아래 표는 5,000만 원을 투자 한다고 할 때 매년 세후 투자수익률(실제로 의미 있는 금리는 바로 이 세후 투자수익률이다)의 구간별 원리금을 표시해주고 있다.

세후	금리	4%	5%	6%	10%	12%
1년 후	1	52,000,000	52,500,000	53,000,000	55,000,000	56,000,000
2년 후	2	54,080,000	55,125,000	56,180,000	60,500,000	62,720,000
3년 후	3	56,243,200	57,881,250	59,550,800	66,550,000	70,246,400
4년 후	4	58,492,928	60,775,313	63,123,848	73,205,000	78,675,968
5년 후	5	60,832,645	63,814,078	66,911,279	80,525,500	88,117,084
10년 후	10	74,012,214	81,444,731	89,542,385	129,687,123	155,292,410
20년 후	20	109,556,157	132,664,885	160,356,774	336,374,997	482,314,655
30년 후	30	162,169,876	216,097,119	287,174,559	872,470,113	1,497,996,106
40년 후	40	240,051,031	351,999,436	514,285,897	2,262,962,778	4,652,548,522

물론 이론적인 수치이긴 하지만, 세후 금리 5%로 운용하는 경우 와 세후 6%로 운용하는 경우 10년이 지난 시점에서 대략 800만 원 의 차이가 발생함을 알 수 있다. 아무리 계좌를 관리해주는 금융기 관 직원이 이뻐도 800만 원을 희생할 만한 사람은 찾아보기 힘들 것이다.

아울러 IMF 이전에는 금융기관이 망하는 것을 상상하기 어려웠 던 시절이고, 그 시절 1금융권 정기예금과 2금융권 신탁 및 채권형 상품간에 적어도 연 2%의 차이가 발생하는 것이 일반적이었다. 위 의 표를 보고 추정해보면 20년 전 5,000만 원을 투자한 사람간에

현재시점에서 1억 4,500만 원 이상의 차이가 발생했음을 알 수 있다. 서울 강북지역의 20평 정도 아파트 1채 값이 차이가 나는 셈이다. 결코 작지 않은 금액이다.

실제로는 예시한 것보다 더 많은 수익률 차이와 함께 높은 수익을 시현한 분들을 봐왔다. 20년 전에 어떤 분은 장기 채권인 국민주택채권과 장기신용채권 등으로 운용해서 1,000만 원을 현재 약 2억 원으로 불린 경우를 봤다. 물론 흐름을 잘 탄 것 아니냐는 반론도 제기 되었지만, 금융에 그다지 밝지 않은 그 분은 아주 단순한 논리를 갖고 계신다. 하여간 세금 떼고 본인에게 얼마냐가 중요하며 두 번째로 복리로 계산되는 채권이 정기예금보다 유리하다는 생각이

지배적이고 세 번째로 '기업들 자금난' 이라는 소식이 언론에 보도될 때마다 회사채보다는 안전한 장기금융채권이나 장기국채를 사는 것이 늘 도움이 되었다는 점이다. 아울러 여러 금융기관을 다니며 발품을 팔아서 이곳저곳 정보를 캐다 보니 처음에는 잘 알아듣지는 못했어도 시간이 지나니까 '감'이 생기더라는 것이다. 그러면 최저금리 수준을 나타내는 시기에 기껏해야 동일 금융권의 금리차이가 0.1% 차이 정도인데, 금액이 큰 경우 의미가 있을까? 대략 5억 원이라는 금액을 기준으로 살펴보면 10년 기준으로 800만 원의 차이를 발생시킨다. 0.1% 차이에 중고 승용차 1대 값 정도, 김치냉장고 10대 값 정도의 차이이다.

세후	금리	5%	5.10%	차액(0.10%)
1년 후	1	525,000,000	525,500,000	500,000
2년 후	2	551,250,000	552,300,500	1,050,500
3년 후	3	578,812,500	580,467,826	1,655,325
4년 후	4	607,753,125	610,071,685	2,318,560
5년 후	5	638,140,781	641,185,341	3,044,559
10년 후	10	814,447,313	822,237,282	7,789,968
20년 후	20	1,326,648,853	1,352,148,295	25,499,443
30년 후	30	2,160,971,188	2,223,573,477	62,602,290
40년 후	40	3,519,994,356	3,656,610,024	136,615,668

우리가 쫀쫀하다는 말로 금융 분야의 사람들을 지칭하거나 금리를 따지는 사람들을 이야기하기 전에 시간의 화폐가치 차원에서 접근해보면 결코 간과할 수 없는 부분이 있다. 쫀쫀하게 보일 정도로

철저하지 않으면 결코 중요한 의미가 있는 작지 않은 금액을 놓칠 수 있다는 점이다.

　대박만 터트리면 되신다고? 만약 대박이 안 터지면 어떻게 하는 가? 가랑비에 옷 젖는 법인데, 이도저도 안 되는 빈곤의 사슬에 묶일 수도 있다는 이야기인 셈이다. 더욱 무서운 것은 습관이다. 현재의 상태보다도 본인의 마음가짐이 금전적 차원에서 풍요로운 생활을 결정할 수도 있다.

계란을 한 바구니에 담지 말라

최근 들어 저금리 시대가 이제는 정착단계에 들어섰다는 느낌이 강해지는 것을 여기저기에서 확인하게 된다. 2002년 초만해도 금리가 오를 것을 기대하여 단기로 짧게 운영하던 투자자들은 금리형 자산(채권, 예금, 수익증권, 신탁 등)의 예상 수익률이 워낙 기대 수익률에 못 미치다 보니 이제는 거의 포기하는 심정이 되었다. 만기가 돌아온 자산에 대해 장기형 상품 예를 들어, 후순위 금융채권이나 부동산 신탁, 1년 이상의 정기예금 등으로 바꾸는 모습을 종종 보게 된다.

어떤 분은 1999년에 본격적으로 한 자릿수의 저금리 시대가 도래하고 있다고 설명하며 적절히 분산하여 3년 이상의 장기채권에 투자할 것을 강력히 권유하였다. 그러나 그 때마다 나이가 많아서 만기가 긴 것은 곤란하고, 새로운 예금자 보호법을 발효로 한 금융기관에는 오래 맡기기가 불안하다고 했다. 그 당시 제시한 금리의 세전 연 9~10% 수준은 지나치게 낮다는 측면에서 다시 금리가 오를 것이라는 강력한 믿음 하에 계속 3개월씩 자산을 운용했다.

결과론이지만, 3년이 지난 지금 현재 3개월 만기 정기예금의 금리는 세전 4.7% 수준이고 1년짜리 정기예금의 금리는 연 5% 초반, 그리고 3년제 정기예금은 세전 연 6%(단리) 수준이다. 아울러 금리가 높다는 5년 이상 후순위 금융채권의 금리도 연 6.5% 수준이다. 금리는 당시 대비 전반적으로 40% 이상 하락하였다.

위에서 언급한 그 분은 현재 평균 만기 구조가 6개월을 넘지 않고 특별히 그 동안 투자가 이루어진 것도 없다. 따라서 보이지 않는 금융손실을 입은 셈이다. 그 분의 금리형 자산 운용 규모는 5억 원 규모이다. 얼추 계산해보니 당시 내가 권유한 대로 분산해서 만기 관리를 했다면 현재 평가금액은 세후 원리금 6억 1,200만 원 수준이 된다. 하지만 현재 그의 자산 평가금액은 5억 6,200만 원 수준이다. 순간의 판단 착오가 무려 5,000만 원의 차이를 발생시킨 것이다.

물론 금리가 가파르게 오를 경우 내가 권유한 대로 투자하는 것이 오히려 불리할 수도 있겠지만, 언급한 것처럼 당시 6개월 정기예금 (연 8.0%), 1년 만기 정기예금(9.0%), 3년 만기 특정금전신탁(세전 9.5%), 5년 이상 후순위 채권(연 실효 11.1%)으로 기간별 삼분법을 쓰는 게 원안이었으므로 금리추세가 더 오르더라도 만기 때마다 새로운 유동성이 생기므로 당연히 평균 이상의 실적을 보일 수 있었다.

그 고객은 유동성이 있으니까 마음이 편하고 그래도 원금과 이자가 나오니 손해는 아니라고 하지만, 중요한 것은 명목원금이 아니라 실질금리가 마이너스인 상태가 계속됨에 따른 보이지 않는 손실(기회 손실)이다. 어떻게 보면 그 고객은 안전하게 금리형 자산을 관리했다고 하겠지만, 모두 다 단기로만 운용하는 것은 일종의 기간에 대한 투기(Market Timing)의 개념이라고도 볼 수 있다.

안전한 운용이라는 목적은 명목원금만 지킨다고 이루어지는 것은 아니다. 단기저리 장기고금리의 금리패턴 상 만기도 분산해야 유동성과 수익성을 평균이상으로 가져갈 수 있는 법이다. 분산투자, 기간별 배분과 자산의 전략적 배분은 이렇게 중요하다.

예금자 보호 대상에서 제외된다는 이유로 불안하게 생각하는 경향이 있지만 모든 신탁 상품이 불안한 것은 결코 아니다. 정기예금보다 수익률이 높고, 안전성을 갖춘 신탁 상품을 투자 기간별로 소개한다.

1. 1개월 이내 단기투자는 '신종 MMF'가 유리하다.

1개월 이내 단기 여유 자금이라면 신종 MMF 수익증권에 가입하자. 수시 입출금식이지만 연 수익률은 4.2% 수준으로 매우 높고 하루만 맡겨도 된다. A등급 채권과 국공채에 주로 투자하기 때문에 부실 염려도 없다. 채권투자 상품이지만 시가평가가 아닌 장부가 평가 방식이 적용돼 수익률이 변동할 폭이 거의 없다는 점도 장점이다. 수시 입출금식 상품인 MMDA(시장 금리부 수시 입출금식 예금)는 예금자 보호 대상이지만 금리는 연 1.0%에서 3.5% 정도로 매우 낮다. 신종 MMF는 500만 원 이상 가입하면 금액에 관계없이 연 4.2%의 수익률이 가능하지만, MMDA는 1,000만 원까지는 연 2.0%의 금리밖에 지급하지 않으며, 1억 원 이상을 가입해야 연 3.5%의 금리를 받는다.

2. 1개월에서 3개월까지의 투자는 안전한 '클린 MMF' 가 유리하다.

현재 3개월 이내 정기예금 금리는 연 4.1%이다. 그러나 클린 MMF 수익증권에 30일 이상 맡기면 연 4.4%에서 4.6%의 수익률이 가능하다. 신종 MMF와 마찬가지로 A등급 이상의 우량회사 채권이나 기업어음(CP)에 투자하고, 장부가 평가 방식이 적용되므로 안정성도 갖췄다.

3. 3개월에서 1년은 '단기 특정금전신탁' 이 유리하다.

특정금전신탁의 인기가 높은 이유는 수익률이 높기 때문이다. 은행의 3개월 이상에서 1년 미만의 정기예금 금리는 연 4.6%에서 4.9% 수준이지만 특정금전신탁 수익률은 이보다 0.2%에서 0.3%

포인트가 높다. 1개월 이상 단기투자가 가능한 점도 장점이다. 금리 상승에 대비해 단기의 특정금전신탁에 우선 투자한 뒤, 금리가 최고점에 이르면 장기 확정금리로 갈아탈 수 있기 때문이다. 그러나 특정금전신탁은 예금자 보호 대상이 아니며 원금이 보장되지 않는 고수익 고위험 상품이라는 점을 고려해야 한다. CP나 회사채를 발행한 회사가 파산이라도 한다면 원금조차 건질 수 없으므로 너무 높은 금리에 현혹되지는 말자. 중도해지가 금지돼 있어 반드시 장기 여유자금으로 가입해야 한다.

4. 5년 이상 장기투자는 '후순위 채권' 등 장기채권이 좋다.

퇴직금과 같이 목돈을 안전하게 굴리고자 하는 이자 생활자와 안

전성을 선호하는 이들에게 매력적이다. 시중금리 변동과 관계없이 만기일까지 확정금리를 지급 받으며, 다른 어떤 금융상품보다 많은 이자를 받기 때문이다. 발행기간이 5년 이상인 채권에서 발생한 이자는 분리 과세가 가능해 본인의 금융소득이 노출되지 않는다. 그러나 후순위 채권은 발행기간이 5년 이상 장기이기 때문에 가입일 이후 금리가 급등한다면 상대적인 손해를 감수해야 한다.

저금리 시대의 목돈 운용법

1. 후순위 채권이란?

은행권에서 판매하는 후순위 채권(後順位債權)이 투자 수단으로 인기를 모으고 있다. 2002년에는 은행권에서 2조 원이 넘는 후순위 채권이 팔렸으며, 은행이 판매에 나설 때마다 며칠 지나지 않아 발행 물량이 동나는 현상이 반복되고 있다.

후순위 채권이란 은행이 자기자본을 늘리기 위해 부정기(不定期)적으로 일정금액 한도 내에서 발행하는 채권을 말한다. 후순위라는 표현 그대로 은행이 망할 경우에는 돈을 받는 순위가 뒤로 밀리는 단점이 있다. 즉 은행이 혹시라도 파산할 경우 다른 예금, 채권자들에 비해 가장 나중 순위로 돈을 달라고 할 수 있는 채권이다. 경우에 따라선 원금을 날릴 가능성이 있기 때문에 우량은행을 잘 골라 투자해야 한다.

2. 후순위 채권의 장단점

후순위 채권은 정기예금보다 높은 확정 수익률을 보장해 준다는 데 큰 장점이 있다. 1년제 정기예금 금리에 비해, 후순위 채권은 연 1.5%에서 2% 이상의 추가 금리를 준다. 특히 시중금리 변동과 관계없이 만기 때까지 확정금리를 지급하고 있기 때문에 퇴직금 등 목돈을 안전하게 굴리려는 이자 생활자에게는 안성맞춤이다. 아울러 채권 시가 평가제도의 영향을 받지 않는다. 또 거액 자산가일 경우에는 분리과세를 선택할 수 있어 절세 수단으로도 활용할 만하다. 분리과세를 신청하면 금융소득 종합과세 최고 세율인 36%보다 낮은 33%의 세율이 적용된다.

그러나 후순위 채권은 만기가 보통 5년 이상 장기라는 단점이 있다.

3. 명의변경으로 후순위 채권 사고파는 방법

후순위 채권은 정기예금처럼 언제나 가입할 수 있는 금융상품이 아니다. 은행들이 돈이 필요해서 채권을 발행하는 경우 선착순으로 한정 판매를 하는 경우가 대부분이다. 하지만 그렇지 않은 경우에도 거래은행 창구를 통해 개인끼리 후순위 채권을 사고파는 방법이 있다. 후순위 채권을 개인간에 사고 싶으면 은행 직원에게 후순위 채권을 팔 사람이 있는지 물색해보고, 없으면 매물이 나오는 즉시 연락해 달라고 부탁하면 된다. 반대로 급하게 현금이 필요한 후순위 채권 가입자는 은행직원에게 후순위 채권을 팔고 싶다는 의사를 밝히면 된다. 그러면 은행이 사내 전자게시판에 후순위 채권의 매도 희망자가 있다는 사실을 띄우고, 이는 전 지점을 통해 공고된다.

금액 등 조건이 부합되는 매수 희망자가 나오면, 은행 중개 하에 명의 변경 절차가 시작된다. 매수인과 매도인은 각각 거래하는 지점에 나가 '채권 양도 신청서'를 작성하면 되고, 은행은 후순위 채권 매도인에게 세금을 공제한 이자를 지급하고 후순위 채권 통장을 회수한다. 그리고 후순위 채권 매수인은 새 통장을 발급 받는다. 공증 절차는 은행에서 소정의 수수료(건당 2,000원 안팎)를 받아 처리해준다.

4. 국민주택 1종 채권(종합과세 대상인 거액 자산가의 경우)

이런 경우에는 후순위 채권 보다 국민주택 1종 채권이 실질 세후 금리가 약간 높고(2001년 9월분. 이후로는 표면이자 연 복리 3%가 과세 표준금액) 표면이자가 필요하면 만기 전에 증권회사에서 채권을 시장가격으로 팔아서 돈을 찾을 수 있어 상대적으로 유리하다. 또 정부가 발행하는 것이어서 돈을 떼일 염려가 없다. 후순위 채권에 비해 표면 수익률이 떨어지는 것이 보통이지만, 유동성과 안정성이 뛰어나다는 것이 특장점이다. 일정금액(1억원) 이상의 고액 투자가들의 경우, 은행에서 특정금전신탁의 형태로 구입할 수 있다. 다만, 은행의 특정금전신탁을 통해 채권을 사는 경우 중도해지 시 중도해지 수수료 등의 불이익이 있으므로 주의해야 한다.

PART 4

제대로 주택에 투자하라

살고 있는 1가구 1주택, 집값이 올라 봐야…

M&A 전문 컨설턴트로 강남에서 사무실을 내고 운영하고 있는 허수익 씨(37세). 유명 외국계 증권사의 전문가로 활약하여 호황기 국면에서 한때 잘 나가던 그는 사무실을 별도로 차렸다. 그러나 최근 경쟁이 치열해지고 M&A 성사 건수가 줄어들고 해서 고전을 면치 못하고 있다. 수익은 격감하여 금년에는 인건비와 사무실 운영비 등을 제외하고 예전 회사에 다니던 시절의 1/3 수준인 4,000만 원의 수입으로 줄어들었다. 여러 가지로 심기 불편한 상황이고 특히 투자했던 벤처 기업의 주식은 휴지조각보다 싸 보일 정도로 가격이 내려가서 망연자실한 상태이다.

하지만 그에게는 위안이 되는 것이 있다. 처가댁이 강남이어서 아내 이기주(35세) 씨의 강력한 주장으로 방배동의 31평형 아파트

를 1995년에 융자 5,000만 원 포함, 1억7,000만 원에 장만하였는데, 계속 가격이 올랐던 것이다. 두 자녀가 점점 성장함에 따라 학군을 고려해서 2002년 초에 먼저 집을 팔고 1억8,000만 원을 추가 융자를 얻어서 대치동 42평형으로 이사 왔는데, 그 사이 또 집값이 1억 원 정도 오른 것이다. 그래서 현재 시세는 7억 원 수준이다. 빚은 현재 2억5,000만 원 수준이지만 그의 계산대로 하면 순자산이 4억5,000만 원이나 되므로 성공적이라는 것이다. 기타 투자와 경상소득이 줄어들고 있는 것이 다소 불만스럽지만, 주택 가격 상승으로 위안을 삼고 있다. 아울러 대치동만한 교육 특구가 없고 인근 처가가 가까워서 아내가 편하다는 생각에 막내(3세)가 결혼 할 때를 은퇴시기로 보고 이동할 생각이 없다.

그는 자신의 그런 생각에 대해 정리해보고자 Financial Planner

정나미 씨를 찾아왔다. 전문가인 정 씨의 의견을 들어보자. 정 씨는 재무적 관점에서 허 씨의 생각이 잘못되었다고 보긴 어렵지만, 간과하지 말아야 할 점들이 있다고 보았다. 정 씨가 허 씨의 이야기를 들어보고 정리한 허 씨의 약식 재무상태 표는 다음과 같다. 정 씨는 사용자산인 주택은 취득가격이나 국세청 기준시가와 같은 보수적 가격으로 반영하여야 한다고 했으나 허 씨가 시가로 환산해달라고 요청했다.

【재무상태 표】

허 수 익

2002. 9. 30 현재(단위:원)

자산			
현금 자산	투자 자산	사용 자산	부채
입출금 예금 - 3,000,000	정기 예금 등 - 20,000,000	주택 - 700,000,000	신용 카드 미결제 - 3,000,000
	주식투자지분(평가액) - 15,000,000	승용차 - 20,000,000	은행 차입금 - 250,000,000
			자동차 할부금 - 15,000,000
순자산 - 490,000,000(자산에서 부채를 뺀 금액)			

▶최근 1년간 연간 경상 소득 4,000만 원, 최근 3년 평균 연간 세전 소득 1억

1. 집값은 올랐지만 현금이 들어온 것은 없다.

허 씨가 생각하는 것처럼 장부상의 가치가 올라서 돈을 번 것 같지만, 순수하게 현금흐름의 관점에서 본다면 현금은 들어온 것이 없다. 집값이 올라서 기분은 좋아질 수 있겠지만, 여기에 도취되어 지출을 늘리면 가계재정의 위험상황으로 치달을 수도 있다. 가계도

기업과 마찬가지로 현금흐름과 유동성의 확보가 중요하다. 살고 있는 주택 외의 다른 부동산 가격이 역시 상승해서 바로 처분이 가능하다면 그것은 실현 가능한 수익이지만 현실적으로 살고 있는 집은 사고 팔기에 비교적 어려운 비유동적 자산이다.

2. 장기 거주할 목적의 주택은 얼마의 돈이 들었느냐의 문제이다.

어차피 1가구 1주택 내집 마련의 관점에서 보게 되면, 집 값이 비쌀 때 보다 쌀 때가 유리한 측면이 있다. 보다 큰 집으로 이사 갈 계획이 있는 경우, 기존의 주택 값이 내려가도 보다 넓은 평수의 집값은 더 내려가므로 집값이 오른 경우보다 상대적으로 적은 돈이 들기 때문이다.

3. 결국 현금흐름은 나빠지고 부채가 크게 늘어났다.

주소득은 격감하고 다만 회계상의 자산가치는 상승하였으나, 기존의 8,000만 원 부채수준이 무려 2억5,000만 원으로 급상승했다는 점은 주목할 만한 것이다. 레버리지를 활용했다고 할 수 있으나 현재 2억5,000만 원에 대한 연간 지급예상 이자액은 연 7.5% 기준으로 1,875만 원이다. 또한 국민주택 규모를 초과하므로 저당 차입금에 대한 이자 소득공제도 없다. 현재 소득으로 보아 세전 소득의 절반에 육박하는 이자를 물어야 한다. 돈을 잘 벌면 관계없지만 생활비가 모자라면 부업을 하거나 추가 대출을 받아야 할 것이다. 아울러 2억5,000만 원이라는 돈을 벌어서 갚으려면 10년이 아니라 20년이 지나도 힘이 든 법이다. 20년 기준으로 모두 다 갚으려면 금리 7.5% 수준에서 매월 원리금이 2,013,982원씩 나가야 한다. 허 씨의 월 세후 소득이 최소한 700만 원 수준은 되어야 감당하기에 어렵지 않은 수준이다.

4. 금리가 오르거나 집값이 내려가면 이중고의 우려가 있다.

현재 부동산 가격의 전반적인 상승은 주로 사상 유래 없는 저금리 시대에 기인한다. 만약 금리가 오르면 허 씨의 현금흐름 상의 고통은 대단하다. 금리가 1% 더 오르면 연간 250만 원을 더 부담해야하고, 금리가 오르면서 집값이 하향추세로 돌아서게 될 위험도 있다. 가상의 이익으로 즐거워하다가 가상의 손실로 고통스러울 수도 있는 것이다.

5. 자산의 손익은 팔아봐야 안다는 것이다.

주식과 부동산의 평가손익은 의미가 없진 않지만 미 실현 상태에서 운운하는 것보다 해당 자산을 팔아서 내 손에 쥐었을 때가 진정한 의미의 손익실현 시점이다. 20년 이상 여러 가지 측면에서 팔아서 이사 가기 어려운 입장의 자산가격(집값) 등락이 그다지 중요하다고 볼 수 없다. 정작 20년 이상이 지난 후 자녀들이 분가해서 집도 줄여가고 제2의 인생을 시작할 필요가 있을 때, 팔리는 가격이 진짜이다. 그제서야 재산이 늘었는지 아는 법이다. 주식도 1년이 경과 되지 않아서 팔 수 없는 우리 사주나 옵션이 붙은 경우 팔 수 있는 시기가 오기 전의 가격등락은 중요하지 않고 정작 인출해서 팔 수 있을 때의 가격이 진짜 가격이다. 일희일비하지 말고 멀리 보고 생각해볼 일이다.

저층 아파트에 투자하면 인생이 편안하다

일생을 원칙적으로 청렴하게 산 유지해 씨는 공무원을 정년퇴직하고 나서 벌써 2년이 되었다. 그는 현재 살던 과천 주공 16평짜리 집을 처분하고 분당지역의 단지형 빌라 22평형으로 옮기려고 한다. 40세였을 때 지금으로 말하자면 7급 공무원 시절에 과천의 아파트 16평 주공 아파트(대지지분이 20평 정도)를 1,500만 원(국민주택 기금 융자 700만 원 포함) 수준으로 분양 받아 현재 가격은 재건축 대상 아파트 가격 상승 붐에 힘입어 무려 3억 3,000만 원이다. 이를 팔고 분당의 빌라가격은 현재 2억 원 수준이니 가격 차액만 1억3,000만 원이다. 가격차액으로 공무원 연금을 통해 나오는 매월 연금 금액과 C은행에 가입한 비과세 개인연금신탁에서 나오는 금액이 월 150만 원 수준이고 퇴직금으로 운용 중인

K은행 후순위 채권(세금우대) 이자, 기타 등등의 이자만 갖고도 월 150만 원이 따로 생긴다. 일생을 절약하고 근검한 생활을 해서 그런지 두 부부는 150만 원으로도 현재 생활하는 데 지장이 없다고 한다. 아울러 집을 팔고 여유자금이 1억 3,000만 원이어서 은행에서 시판 중인 고금리 부동산 신탁 상품과 우량 은행이 발행한 후 순위 채권을 매입하려고 하는 여유를 보이고 있다.

분당의 22평 빌라는 대지 지분이 건평에 상응하는 데다 지은 지 5년이 경과해서 향후 15년에서 20년까지 생활을 하는 데 전혀 지장이 없다. 아울러 신도시 단지형 빌라여서 신도시 아파트처럼 열병합 지역난방 공급이라는 장점이 있고, 지상은 정원이고, 모든 주차장은 지하로 되어 있다. 재생병원 등 종합병원은 물론 각종 의료시설, 쇼핑시설 등 아쉬울 게 없는 천당 밑의 999당으로 불리는 분당의 편의성과 쾌적성이 뛰어난 지역에 위치해 있으므로 그야말로 인생을 편하게 즐기며 사는 데 있어 최고라고 여겨진다.

저층 아파트나 빌라 단지는 여러모로 장점이 많다. 우선, 대지(땅) 지분이 넓다. 땅은 감가상각이 되지 않는다. 용적률이 70~100%의 단지형 저층 아파트나 연립은 용적률이 200~500%의 고층 아파트에 비해 대지지분의 비율이 무려 3배에서 8배에 이른다. 알다시피 건물은 감가상각이 되어도 땅은 감가상각이 되지 않는다. 수도권 요지의 경우 물가상승률 이상으로 상승한 경우가 많

다. 세월이 15년에서 20년 정도 흐르면 재건축 차원에서 볼 때 가치의 차이가 커진다.

그리고 건물이 낡아질수록 재건축에 대한 기대감은 높아가므로 아파트 건물의 값어치는 마치 자동차처럼 세월이 흐를수록 내려간다. 하지만 대지지분이 높아 재건축을 통해 가치 창출이 가능한 저층아파트는 건물이 낡을수록 최신형 모델의 아파트로의 재건축에 대한 기대감이 커진다.

오래 살수록 도움이 된다. 또한 오래 살면 이사 비용이 안 든다. 유지해 씨가 박봉의 공무원 생활을 하면서도 국민주택기금 대출 이외에 빚을 지지 않았던 까닭은 셋방살이하다가 뒤늦게 장만한 과천의 주공 아파트 덕이다. 이사를 가지 않고 꾸준히 그 지역에서 20년 간 거주한 덕에 해마다 세입자들이 겪는 보증금 인상, 이사비용, 부동산 중개수수료, 가구 비용 등이 들 필요가 없었고, 소형 아파트이다 보니 관리비도 적게 들었다. 복도식이 아니고 계단식이란 점도 장점이다. 동일 평형과 비교했을 때 거주면적이 넓고 편하다.

최근에는 해당하는 이야기가 아니라고 볼 수 있겠지만, 저층 아파트나 연립은 엘리베이터가 없는 계단식이다. 계단식 아파트나 연립은 베란다(서비스 면적)가 양쪽이다. 복도식은 한 쪽에만 있다. 실제로 주부들이 사용할 수 있는 거주 공간 개념으로 보면, 계단식 주공 아파트 16평이면 전용면적 14평, 베란다 3.5평으로 실 주거면적 17.5평이다. 복도식 아파트는 21평(전용 15평에 베란다 2.5평) 수준이다. 아울러 분당 빌라 22평형(전용 18평에 발코니 서비스 면적 7평)은 복도식 아파트 30평 정도에 해당된다고 볼 수 있다. 정말로 중요한 것은 외형이 아니고 실제로 사는 공간이다. 실속이 있다는 점이 중요하다.

마음 편하게 장기적으로 보고 저층 아파트에 투자하라. 리버스 모기지(내 집을 마련한 뒤 젊어서는 주택자금 대출을 갚아나가고 은퇴 후에는 역모기지를 통해 자금을 얻어 쓰는 패턴을 통해 이사를 다니지 않고 자기 집에서 장기간 거주)의 개념을 이야기할 때 우리나라에서 리버스 모기지를 활용하는 가장 알맞은 주택은 저층 아파트이다. 왜냐하면 이사를 가지 않고 오래 살아도 가치가 상승하므로 금융기관 입장에서 금융 서비스를 제공하기에 안성맞춤이기 때문이다. 또한 거주하는 사람 입장에서는 재건축이 된다면 재건축 기간 3년 정도를 제외하고는 최초 구입부터 재건축 기대 시점까지 어림잡아 25년, 재건축 신축 후 예상 거주 기간 25년을 포함하여 무려 50년 정도를 살 수 있다. 즉, 38세에 장만한 동일지역의 집을 91세 정도까지 거주하는 게 가능하다는 얘기이다. 한 곳에만 거주하는 것이 지루할 수도 있지만 얼마나 안정적인가. 또 유 씨의 경우처럼 재건축에 대한 기대감이 최고조에 달할 때 팔고 다른 지역의 보다 넓은 집으로 이사하면서도 차액을 챙길 수 있다면 더할 나위 없이 돈 버는 기술이 아닌가.

물론 주공 아파트라고 해서 무조건 넓은 것이 아니며 저층 아파트라고 해도 지역이 중요하다. 흔히 주공 아파트라고 하면 대지 지분이 넓고 공간이 상대적으로 넓다는 편견을 갖는 경우가 많은데, 주공 아파트가 고층이고 복도식인 경우 오히려 민영 아파트보다도 더 좁게 느껴질 수도 있다. 중요한 것은 땅 지분이다. 또한 저층 아파트 단지에 투자한다고 위의 예처럼 모두 다 성공적인 것은 아니다. 모 부동산 전문가의 말처럼 보통 수도권의 토지는 '땅'이고 지방의 토지는 '흙'이라고 평가 받는다. 마찬가지로 수도권의 유망지역이 아닌 곳이라면 투자에 신중해야 함은 물론이다.

분양 아파트 중도금을 미리 내라

이른바 모범생 회사원인 K기업 차장 주택구 씨. 부모님의 별다른 경제적 도움 없이 15년 전 지금의 아내와 결혼하여 자립한 '이 시대의 성실한 가장'이다. 그는 성실하게 직장 생활을 하며 번 소득으로 차근차근 적금을 부어 목돈을 마련하였고, 10년 전에는 무주택 1순위 세대주로서 24평형 아파트(당시 분양가 6,500만 원)를 분양 받아 내 집을 장만한 바 있었다. 오래 살다 보니 세간살이가 늘어나고 집이 좁게 느껴져서 아껴둔 청약통장을 써서 서울시 동시 분양 34평형 S아파트(분양가 1억8,000만 원)에 당첨된 바 있다.

다행히 빚을 지지 않고 모아둔 예금과 적금 등으로 계약금과 1차, 2차 중도금을 내고 마침 살고 있던 집값이 무려 1억8,000만 원까지

【아파트 대금 일정표】

계약금	2000. 11	3,600만원	납부
1차 중도금	2001. 6	1,800만 원	납부 완료
2차 중도금	2001. 12	1,800만 원	납부 완료
3차 중도금	2002. 6	1,800만 원	납부 예정
4차 중도금	2002. 12	1,800만 원	납부 예정
잔 금	2003. 12	1,800만 원	

올라주어 새로운 집에 입주하는 시점까지 전세 1억2,000만 원에 사는 조건으로 팔았다. 덕분에 필수적인 비상 예비자금을 제외하고 여유자금이 6,000만 원이 남게 되었다.

중도금을 내야 할 시점까지 여유가 있어서 늘 그랬던 것처럼 은행에 단기 정기예금(세전이자 연 4.5% 수준)에 넣어둘까 아니면 다른 이자가 비교적 높은 2금융권 예금에 투자할까 고민 중이다. 그러나 아파트 중도금을 미리 내면 여러모로 이점이 많다.

첫째, 중도금을 미리 내면 아파트 값을 깎아준다.

먼저 분양하고 나중에 짓는 대부분의 아파트는 건설회사마다 중도금과 잔금을 미리 내는 계약자에게 할인혜택을 주고 있다. 2001년에 신용도가 높은 우량 건설사인 경우 대개 연 7% 정도의 할인율을 적용하고 있다. 7%로 할인해 준다는 것은 7%의 선이자를 준다는 말이나 마찬가지인데, 정상적인 예금 이자로는 7.5%에 해당되는 것이다. 정기예금보다 무려 3%의 이자율이 높은 셈이다. 특별한 일이 없다면 어차피 낼 돈이므로 은행에 예금하지 말고 중도금과 잔금일부를 먼저 내는 게 좋다.

둘째, 깎아준 금액은 세금이 없다.

이렇게 미리 낸 아파트 중도금과 잔금에 대해 깎아준 금액은 분명 이익이 발생한 것이지만, 웬일인지 세금을 내라고 하지 않는다. 이렇게 되면 세금을 내는 이자소득 9%와 맞먹게 되는 셈이다. 즉, 앞서 이야기한 정기예금보다 이익이 두 배나 된다는 말이다.

셋째, (깎아준 금액만큼) 분양가격의 과세표준이 낮아지므로 또 한 번 세금이 절약된다.

이익은 여기에서 그치지 않는다. 가령 1억8,000만 원짜리 아파트에 대해 깎아준 금액이 420만 원이라고 한다면 집을 살 때 드는 취득세, 등록세, 교육세 등 각종 비용(대략 집값의 5.8% 정도)도 함께 할인된 금액의 비율만큼 낮아지게 되어 또 한 번 세금이 절약되게 된다. 또 하나의 보너스인 것이다.

그러나 무엇보다도 건설 회사를 믿을 수 있느냐가 관건이다. 눈앞의 이익을 보고 흥분하는 것은 너무나 인간적인 것이지만, 막상 안전하지 않다면 모래 위에 지은 성이나 진배없다. 뭐니뭐니해도 안전도가 최우선이다. 중도금이나 잔금을 미리 내려거든 믿을만한지 꼼꼼하게 신용도를 점검한다.

더불어 집값을 미리 내게 되면 할인도 받고 세금 혜택도 받는 장점이 있는 반면에, 유사시에 대비한 비상 예비자금이 충분치 않게 되면 현금 유동성이 떨어지게 되는 점에 주목할 필요가 있다. 따라서 집값을 미리 내서 혜택을 받고 싶다면 그 자금이 반드시 여유 자금이거나 미리 계획된 자금이어야 한다. 아니면 할인율보다 더 비싼 이자를 물고 대출을 받아야 할 상황이 생길지도 모르기 때문이다.

집 값을 계산해보면…

최근 집값의 상승이 사회적인 문제가 되면서 거품 우려와 함께 정부의 각종 임시 대책이 예전처럼 되풀이되어 거래가 잠잠해지는 양상을 보이고 있다. 그렇다면 지역마다 개별적 특성이 중요한 부동산 가격을 설명한다고 할 때 강남처럼 교육문제 등의 특수요인으로 인한 수급논리 외에 집값 상승의 주요원인은 과연 찾기 어려울까?

2002년 8월 14일자 *Asian Wall Street Journal*에 따르면 영국의 도시 주택가격이 5년 간 2배, 3년 간 50% 정도의 상승을 보였고, 그 주요원인으로 금리인하를 들었다. 기준금리가 8~9%대에서 4~5%대로 절반가량 하락하였다. 아울러 영국 정부는 오른 집값을 잡고 싶어도 유일하게 내수경기를 받혀주는 주택시장을 침체국면으로 몰고 갈 수 있는 금리인상에 대해서는 국제적인 분위기상 또 예전에 경험했던 자산가치 하락에 따른 장기적 경기후퇴에 대한 우려로 인해 이러지도 저러지도 못하고 있다는 이야기이다. 사정은 유로화 통용지역에도 마찬가지이다. 물가상승이 주요 이슈이다.

이렇게 금리는 보편적으로 주택가격과 밀접한 관련성이 있다는 게 설득력이 있다. 우리가 자산의 적정가치를 평가할 때 수익모델을 사용하는 데, 특히 주식은 수익가치라는 말이 있다. 주당 순이익을 해당 요구수익률(보통 시중은행의 정기예금 이자율의 1.5배에서 2배 사이)로 나누어주어 적정한 가치를 계산하는 것이다. 이것은 마치 원금을 계산하기 위해 이자를 이자율로 나눈 것과 진배없다.

마찬가지로 투자한 주택자산의 주요 수익 원천은 월세(이자에 해당)이고 금융기관에 예금하거나 다른 곳에 운용하지 않고 투자한 보증금을 포함한 집값이 투자부분이다. 하지만 앞서 언급한 방법론으로 적정한 집값을 산출하려면 이자율에 해당하는 요구 수익률을 활용하여야 할 것이다.

다음 표는 강북 모 지역 25평형 아파트의 과거 4년 치 평균 집값과 전세 보증금 평균치를 놓고 요구수익률로 환산하여 추정한 적정 주택가격이다.

이 모델에 따르면 놀랍게도 오히려 2002년의 집값이 저평가되어 있다. 세입자 입장에서 월세 지급액이 매년 5%씩 성장한다고 할 때

【수익가치 분석모델 : 강북 모 지역 25평형 아파트】

연 도	1999년	2000년	2001년	2002년
실제 집값(연간 평균치)	115,000,000	126,500,000	145,475,000	167,296,250
전세 보증금(연간 평균치)	60,000,000	75,900,000	87,285,000	100,377,750
월세 요구 수익률	24%	18%	15%	12%
기대 월세 소득(무보증금 월세 임대)	1,200,000	1,138,500	1,091,063	1,003,778
총자산 수익률(연간 월세/실제 집값)	12.5%	10.8%	9.0%	7.2%
기대 자산 요구 수익률(신용대출 이용)	15.0%	12.0%	10.0%	9.0%
월세 비용 기대성장(물가상승률)	5%	5%	5%	5%
기대 월세 비용(성장률 감안)	1,200,000	1,260,000	1,323,000	1,389,150
기대 주택 가격환산 1(기대수익률)	96,000,000	126,000,000	158,760,000	185,220,000
기대 주택 가격환산 2(총자산수익률)	115,000,000	140,000,000	176,400,000	231,525,000
기대 주택 가격환산 1대비	−19,000,000	−500,000	13,285,000	17,923,750
실 거래가액 평가	고평가	고평가	저평가	저평가
기대 주택 가격환산 2대비	−	13,500,000	30,925,000	64,228,750

현재의 전세 보증금 시세가 이자율을 감안하면 오른 것으로 생각하기 어렵다는 이야기이다. 특히 세입자의 원금은 보호가 되므로 손실과 이익이 기본 요소라는 용어가 알맞지 않다고 볼 수 있다.

하지만 언제나 주식이든 부동산 가격이든 예외 없이 실제 거래가격이 이론 가격과 일치하기란 쉽지 않았다. 지금 벌어지고 있는 강남 아파트 가격의 지속적인 폭등현상은 보편성을 추구하는 이론적인 잣대로는 설명이 안 되는 요소가 상당 부분 있다. 그나마 가장 설득력 있는 설명은 수급 논리이다. 교육문제(학교보다도 학원)와 편의시설, 쾌적성과 교통(근자에는 별로 설득력이 없어 보인다), 또 돈 벌어서 나도 강남에 가서 살아야지라는 누가 알아주건 말건 외견을 중시하는 '폼 잡는' 과시욕이 공공연하게 깔려 있다.

 우리나라 주택의 가격을 결정하는 가장 큰 변수는 다름 아닌 자식 둔 부모들의 생각이다. 강남에 가면 왠지 우리 자식이 일등하고 명문대학에 진학할 것 같은 느낌. 강남에 산다는 것 하나만으로도 폼 나는 듯한 느낌. 그리고 강남 아파트는 주식시장의 초 우량주처럼 항상 시장평균을 초과하는 이득을 안겨주는 불패신화. 어떤 연로하신 분은 전쟁이 나면 강남이 보다 안전하다(6.25때 한강 다리 폭파사건이 생생하셔서 그런 것 같다. 현재는 미사일 전쟁시대로 아무 의미도 없다. 고정관념이 이렇게 무섭다)라는 근거 불분명한 믿음을 갖고 있다. 이는 아마도 이 모든 것들이 지금 벌어지고 있는 일들을 설명하는 요소들에 포함된다. 또한 동서고금을 통틀어 부동산 가격상승은 남쪽으로 흐르는 것이 아니라 주요 인프라(돈과 사람, 그리고 정부청사 및 기업 본사 등 사회기반)를 따라 움직였다.

국제적인 관점에서 본다면 강남의 부동산 가격은 현재 원화평가 절상까지 겹쳐져서 홍콩이나 싱가포르에 못지않다. 하지만 홍콩이나 싱가포르는 세계적인 비즈니스맨들이 국제공항에 내려서 15~20분이면 사무실에 도착해서 회의나 일을 볼 수 있는 곳이다. 반면에 서울 강남 삼성동은 인천공항에서 보통 2시간에서 4시간까지 걸리는 불편한 교통 환경을 갖고 있다는 것이 모 외국기업 CEO의 불평이다. 국제적인 경쟁력이 떨어지는 데 가격은 비슷하다는 것이다. 결국 외국인들은 2002년 초부터 계속 매각을 늘리고 있다. 내국인들끼리의 수요만 계속되는 것이다.

만약 물가상승이 전체적으로 가시화되어 금리가 인상되고 금리형 자산의 상대적인 매력도가 커지거나 현재 저평가되어 있다는 주식시장이 활성화된다면 급격한 유동성 위험에 빠질 수 있다. 깔고 있는 집인데, 신경 안 쓴다? 초특급 부자를 제외하고 평가 하락금액이 만만찮을 때는 마음속이 달라질 것이다. 하지만 뭐니뭐니해도 주식시장과 금리형 자산의 매력도가 계속 떨어진다면 부동산 시장의 열기는 잠깐 주춤했다가 계속될 수 있다.

집 규모 줄이기

분당에 사는 안심해 씨. 다니던 국영기업에서 명예퇴직 후 부부 둘만 생활하는 60평 아파트가 너무나 부담스럽게 느껴진다. 한 때 이자로 어느 정도 생활이 가능했던 것은 고금리 덕분이었는데 이제는 금리가 오른다는 것을 기대하지 않게 되었다. 1999년부터 불어 닥친 저금리 추세로 퇴직금으로 받은 3억 원을 금융자산으로 운용 중인데, 부부의 평균생활비는 월 300만 원 정도이다. 평균이자가 세금 떼고 월 120만 원 정도이니, 이제는 연금 이자로 생활한다는 것은 꿈에도 어려울 정도여서 원금에 손대야 할 처지이다.

나는 이런 경우 외국식인 리버스 모기지 대출을 활용하는 것도 한 방법이라고 강조하여 왔다. 대출을 받는 것에 대해 두드러기가

날 정도로 싫은 분들이라면 살고 있는 집을 줄여가거나 동일 평형보다 값이 저렴한 지역으로 옮겨가는 것도 선택할 만한 방법이다. 평수를 줄이기 싫다면 강남에서 분당, 분당에서 용인 지역처럼 더 싼 지역으로 옮기는 것도 방법이다. 하지만 살고 있는 집은 재산이 아니라고 생각하는 것 외에도 늘 살던 지역의 익숙한 생활환경, 즉 친구들을 비롯한 지인관계라든지 아니면 병원, 교회 등 종교적 시설, 상가 등 여러 가지로 익숙하지 않고 불편할지 모를 새로운 곳으로의 이사를 두려워하고 귀찮아한다.

이런 경우 동일한 인접 지역에서 60평을 팔고 50평으로, 50평을 팔고 40평으로, 40평을 팔고 30평으로, 20평으로 평수를 줄여가면 현금 흐름은 당연히 좋아진다. 현재 금리 및 물가 수준에서 안심해 씨 부부의 확보된 노후자금은 8.3년 정도이다. 하지만 평균 기대 수

명을 80세라고 해도 12.7년치의 생활자금이 모자란 셈이다. 이 경우 아래와 같이 가정하고 25평형 아파트로 옮길 경우 모자란 생활비가 추가로 확보될 수 있다.

아울러 80세에 도달하더라도 25평형 아파트와 계산에 포함되어 있지 않은 국민연금 등이 활용 가능하므로 이 계획은 별 무리가 없어 보인다. 하지만 이런 모든 계산은 자녀에게 재산을 물려주지 않고 다 쓰고 세상을 떠난다는 전제조건이 선행되어야 한다.

【주택 구조조정에 따른 생활비 확보 전략】

평형	매매가격	아래 평형으로 줄여갈 때 확보자금	생활비 추가확보기간
60	6억 원	1억5,000만 원	4.17년
45	4억5,000만 원	1억5,000만 원	4.17년
32	3억 원	1억5,000만 원	4.17년
25	2억2,000만 원		합계 12.5년

가정: 1) 연간 생활비 = 현재 물가수준으로 월 300만 원, 연간 3,600만 원
　　　 2) 물가상승률과 세후 투자수익률을 연 4%로 동일하게 움직인다고 본다.
　　　 3) 집값은 물가상승률과 동일하게 움직인다고 가정

리버스 모기지 활용법

미국인들은 장기할부(모기지)로 집을 마련하고 은퇴하면 그 집을 담보(역모기지)로 노후자금을 빌려 쓰다가 사망할 때면 자식들에게 장례비만 남긴다. 즉 원금을 건드리는 것이다. 장점은 우선 사는 동안 현금이 마르지 않게 해준다. 최선의 방책은 아니지만 2차적인 수단으로 마음을 편안하게 해줄 수 있다. 리버스 모기지 즉, 역담보 연금 대출(Reverse Mortgage)이란 무엇인지 알아보자.

미국식으로 내 집을 마련한 뒤 젊어서는 주택자금의 대출을 갚아나가고 은퇴 후에는 역모기지를 통해 자금을 얻어 쓰는 패턴을 통해 이사를 다니지 않고 자기 집에서 장기간 거주할 수 있다. 2년마다 이사를 다니지 않아 중개비용, 이사비용, 추가 금융비용이 들지 않는 것만 해도 가계에 얼마나 큰 도움이 되는가를 우리네 서민들이 뼈마디가 쑤시는 현실로 잘 알고 있다.

보통 미국인들은 결혼 후 집을 사는 경우 10~20%의 선급금(Downpayment)을 내고 나머지 80~90%는 원리금 균등분할 상환방식 등으로 30년짜리 부동산 담보대출(Mortgage)을 받아 충당한다. 따라서 부채가 모두 상환되는 시점이 대개의 경우 퇴직 시기와 맞물리게 된다. 이 시점이 리버스 모기지가 가능한 시점인 것이다.

리버스 모기지의 주요한 상품 내용은 주택 소유자는 동일한 집에서 거주하고 은행은 특정한 기간 또는 평생 주택 소유자에게 정기적인 대출을 하는 것이다. 경우에 따라 주택 소유자는 금융기관으로부터 일시불로 받기도 한다. 대출 약정을 할 때 금융기관은 차주가 사망하는 경우 담보된 주택을 매도하여 대출금을 상환 받기로 고객과 약속한다.

리버스 모기지는 매우 보편적인 것으로 보이지만, 전문가들이 생각하는 것만큼 그렇지는 않다. 왜냐하면 리버스 모기지로 대출을 받는다면 결국 주택의 시장가격보다 더 많은 원리금을 상환해야 되고, 경우에 따라서는 주택을 상속 받는 사람이 초과금액에 대해 금융기관에 상환해야 할 의무를 지게 되는 경우도 있기 때문이다.

국내에서는 모 금융기관에서 리버스 모기지의 최초 상품인 OK 연금 모기지론을 상품화하였다. 이것은 보유 주택을 담보로 최장 10년 동안 매월 일정 금액을 연금처럼 대출 받아 쓸 수 있는 상품이며, 주요 고객을 실버계층으로 삼고 있다. 이 상품의 특징은 보유 주택 담보가격의 70% 범위 이내에서 매월 일정금액을 연금식으로 분할 지급 받아 이자는 매년 12월에 대출방식으로 계산하여 후납하며, 그 이자는 원금에 가산하는 형식을 취하고 있다는 점이다. 대출의 상환은 만기 일시 상환식(거치기간이 1년 지난 후 일시에 대출상환)과 분할 상환식(최장 10년 동안 분할상환) 두 가지로 적용하고 있다.

현재 국내에서는 보급이 제대로 되어 있다고 보긴 어렵다. 그러나 저금리 체제가 계속 정착되고 노후자금이 넉넉하지 않아 사는 집이 주요 자산인 대부분의 경우, 집을 줄여서 이사를 가기보다는 손때가 묻은 자기 집에서 계속 살고 싶어 하는 경우에 유용한 금융 수단이라 할 수 있다.

펜션 투자

부동산 전문가들이 돈 관리하는 데 있어 자주 이야기하는 펜션(pension)의 의미와 그들이 추천하는 펜션 투자의 포인트를 살펴보자.

최근 전원생활과 투자수익을 동시에 누릴 수 있는 펜션 사업이 인기를 끌고 있다. 하지만 국내에서는 아직까지 생소한 사업 분야인 만큼 철저한 사전준비 없이 덤볐다간 자칫 낭패를 당할 가능성도 적지 않다. 펜션이란 명승지 또는 좋은 자연환경 속에 멋진 집을 지어 놓고 가족 단위의 여행객을 받는 고급 숙박시설이라고 정의될 수 있다. 펜션의 사전적 의미는 '연금, 은금'이라는 뜻으로 유럽의 노인들이 연금과 민박경영으로 여생을 보낸다는 뜻에서 유래되었다.

현재는 호텔 정도의 시설을 갖추고 가족적인 분위기를 살린 소규모의 숙박시설을 말한다. 펜션은 레저 문화의 변화와 가족, 친구 등 소규모 단위의 여행형태 변화, 주5일제 근무 도입 등으로 각광받게 되었다. 또한 저금리 시대의 수익형 부동산이면서, 전원생활을 하고 싶은 사람들의 실질적 대안으로 등장했다. 펜션은 풍족한 연금이나 퇴직금으로 전원생활을 즐길 수 있도록 만든 별장형 숙박시설로 쉽게 말해서 전원주택과 레저시설의 복합형태로 보면 된다.

현재 펜션은 투자액이 지역마다 토지 구입비의 차이가 있고, 건축면적 및 건축양식에 따른 건축비 차이가 있지만, 대략 땅 300평이상에 건축면적 60평 이하 정도라고 할 수 있다. 따라서 침대, 에어컨, 주방설비 등을 포함한 총 투자비는 1억5,000만 원 이상으로 생각할 수 있다. 투자수익은 객실 가동률에 따라 차이가 있지만 현재까지의 펜션 운영결과 평균 가동률이 최소 30% 이상으로 객실당 이용료는 평균 5만 원 이상으로 수익률은 연 7% 이상이 된다.

상상을 해보자. 경치 좋은 장소에 그림책에나 나올 만한 아름다운 테마형 집을 짓고 노부부가 생활하면서 점잖은 손님을 받아 같이 식사도 하고 인생을 이야기하면서 살고 있다면, 마치 영화 속의 한 장면 같이 너무나 멋있고 품위 있을 것이다.

그러나 현실과 상상은 다르다. 먼저 투자 수익률을 따지기 전에 투자자 본인이 숙박업을 할 수 있느냐를 자문해 보아야 된다. 펜션은 엄연한 숙박업이다. 손님을 맞이하고 돌아가면 청소 및 시설관

리 등 잔손 가는 일이 많다는 점을 고려해야 한다. 앞으로는 여러 형태의 펜션이 생기고 경쟁이 치열할 것으로 예상된다. 따라서 경쟁력 있는 펜션이 되기 위해서는 자연환경과 관광요소가 뛰어난 입지를 선택해야 한다. 그리고 바비큐 장, 소운동장 등 각종 편의시설 및 부대시설을 갖춘 일정 규모 이상의 단지형 펜션과 도자기 굽기, 무공해 채소나 버섯을 직접 채취해 보기 등 아이디어와 독창성을 겸비한 테마형 펜션이 인기를 지속할 것이다.

펜션 사업을 할 경우에는 다음의 사항에 유의해야 한다.

첫째, 펜션은 특색이 있을수록 좋다.

운영자의 취미와 특기를 최대한 활용한다. 의욕만 앞서는 경우 실패의 확률이 높기 때문에 주의해야 한다. 예를 들어, 외국 관광객을 받을 수 있는 펜션이나 중장년층에서 노년층 고객을 유치할 수 있는 찜질방 등을 갖춘 특화가 필요하다. 라이브 카페 운영 경험을 살려 주인이 라이브 음악을 들려주는 제주 미라지 펜션, 풍물패 회장이 운영하면서 본인의 취미를 접목한 경기도 안성의 퓨전 펜션, 주인이 시인으로 활동하면서 문학체험의 장을 마련해 주는 양평 에버그린 등도 독특한 테마를 갖춰 성공한 경우에 속한다.

앞으로 펜션 사업자가 많아질 것에 대비하여 가능하면 넓은 부지를 확보해 텃밭이나 소운동장 등 부대시설을 늘려가는 것도 방법이다. 자연체험이나 지역문화체험 같은 각종 테마를 지속적으로 발굴해내는 것도 중요하다.

둘째, 펜션도 주택인 이상 주택의 입지요건을 갖추어야 한다.

그 입지요건을 보면 먼저, 남향이어야 한다. 일조시간이 적은 산촌에서는 남향으로 배치해야만 집이 쾌적해진다. 그리고 시야가 열려있어야 한다. 집안이나 데크에서 바라보는 전망이 확 트여야만 휴양 기분을 느낄 수 있기 때문이다. 또한 널찍한 마당을 확보할 수 있어야 한다. 마당이 넓어야만 주차하는 데 불편이 없고 뛰놀 수 있기 때문이다.

셋째, 마을에서 적당한 거리를 유지해야 한다.

마을에서 '불가근 불가원'의 입지가 펜션 자리로는 안성맞춤이라 할 수 있다. 너무 가까우면 마을 주민에게 피해를 줄 수 있으며,

또 너무 멀면 방범에도 문제가 있고 위급한 일이 생겼을 때 도움을 받을 수 없기 때문이다. 또한 사업 초기에는 지역민들과의 융화이 중요하다. 특히 소음발생 등에 따른 지역 주민 민원에 주의해야 하는데, 외지인이 놀러와 동네 분위기를 해칠 수도 있기 때문에 주민들과 친밀도를 높이는 현지화에 성공해야 한다. 그렇지 않으면 갖가지 민원이 제기되거나 손님과의 마찰이 일어날 수 있다.

넷째, 인허가가 가능한 땅인지 도로나 전기, 전화 등 기반시설이 손쉽게 들어올 수 있는지 꼼꼼히 따져본다.

해당관청에 가서 꼼꼼히 따져보거나 전문회사의 도움을 받는 것도 중요하다. 정원 등을 설치할 때에는 농지 전용, 임야 형질변경 허가를 취득하여야 한다.

다섯째, 입지는 가능한 한 자연환경이 좋고, 관광지 인근 등 사람이 많이 찾는 곳의 주변이 좋다.

펜션 입지는 빨리 갈 수 있고 조용히 쉴 수 있으며 덤으로 볼거리도 있는 곳이어야 한다. 그렇다면 어떤 곳이 이런 요건을 갖추고 있을까. 먼저, 고속도로 IC 주변이나 왕복 4차선 국도로 연결되는 곳을 생각할 수 있다. 서울 톨게이트를 기점으로 100~200km쯤 되는 곳이면 적당할 것이다. 너무 가까운 곳은 빨리 갈 수는 있겠지만 여행의 또 다른 재미인 드라이브를 즐길 수 없기 때문에 문제가 있다. 다음은 산과 계곡이 있는 곳이다. 산이 높으면 계곡이 깊으므로 휴양지로는 안성맞춤이다. 우리나라는 대부분 산지이므로 산이 없는 곳은 거의 없지만 계곡이 있는 곳은 많지 않다. 특히 맑은 물이 풍부하게 흐르는 곳은 손꼽을 정도이다. 펜션 입지를 선택할 때 볼거리는 빼놓을 수 없는 요건이다. 주변에 둘러 볼만한 곳이 없다면 고정적인 수요를 확보하기가 쉽지 않기 때문이다.

【펜션시설 투자 예시】

항목	산출근거	금 액
토지 매입비	500평×9만원	4,500만 원
인허가비	200평 기준	500만 원
조경비	200평 기준	500만 원
건축비(목조 주택)	50평×250만원	12,300만 원
집기비용	50개룸×200만원	1,000만 원
계		4,500만 원

【펜션 수익성 예시】

자료출처: 한국 에이스 컨설팅

항 목	산출근거	금 액
성수기(7, 8월)	5실×10만 원×60일 3,000만 원×임실율 80%	3,000만 원 2,400만 원
준성수기(4, 5, 6, 9, 10월)	5실×8만 원×150일 5실×임실율 30%	6,000만 원 1,800만 원
비수기(1, 2, 3, 11, 12)	5실×6만 원×150일 4,500만 원×임실율 20%	4,500만 원 900만 원
연간 비용	월간 비용×12개월	600만 원
월 평균 수입	성수기 2,400만 원/2 준성수기 1,800만 원/5 미수기 900만 원/5	1,200만 원 3,600만 원 180만 원
연 평균 수입	5,100만 원~600만 원	4,500만 원

▶6평(4룸), 8평(2룸), 10평(1룸), 7룸이나 가격은 6평룸 기준 객실 5개로 산정
▶지가 상승효과 – 토목 공사 시 평당 약 15 만 원/ 건축 시 평당 약 25만 원

여섯째, 자신이 전원생활에 적합한지, 손님을 맞는 것을 즐겁게 할 수 있는지 판단해야 한다.

펜션 사업은 전원생활과 숙박을 겸하는 것인데, 서비스 정신없이 손님을 맞았다가는 오히려 경쟁력을 잃어 수익이 감소할 수 있다.

마지막으로, 홍보에 신경쓴다.

젊은층 손님이 많이 이용하고, 도심의 고객을 끌어들이는 것이므로 마케팅 및 홍보에 각별한 신경을 써야 한다. 펜션이나 관광전문 사이트를 적극 활용하는 것이 좋다.

PART 5

보험과 연금만 챙겨도 부자가 된다

연금으로 앞날을 준비하라

한성실 씨는 '가장'의 의무를 당연시하며 살아온 이 시대의 전형적인 가장이다. 항상 성실했던 그에게 어느 날 구조조정이라는 명목의 화살이 떨어졌다. 누구보다도 회사생활에서 성실했던 그였기에 그 충격은 무척 컸다. 그의 나이 이제 38세. 한창 일할 나이의 한성실 씨에게 그 자신 만만했던 세상은 갑자기 힘겨운 것이 되어버렸다. 그는 잘 깨닫지 못하고 있었다. 이제 정년퇴직이라는 것은 아득한 추억이 되어 버렸다는 사실을. 그는 퇴출이라는 말이 자신과는 무관한 일인 줄 알고 살아왔다. 그는 주변의 동료들이 회사에서 퇴직 후를 걱정할 때 그 이야기들을 무시하고 생활했었다.

그런데 지금은 인정하기 싫지만 회사일 외에는 아무 것도 할 줄 모르는 회사인간으로 끝장이 난 듯한 모습이다. 막막한 미래. 남은 재산이라고는 그 동안 고생해서 마련한 강북지역에 있는 아파트 한 채. 집을 처분해서 전세로 옮긴 후 모든 의욕을 상실해 버린 한성실 씨는 그 돈을 은행에 넣어 둔 채 이자로 살아가고 있었다. 그런데 2000년부터 초저금리 시대가 도래하였다. 이제 이자로 생활할 수 있는 시대는 지나간 것이다. 그나마 고금리 시대에는 이자만으로도 아껴 쓰면 그럭저럭 살아갈 수 있었다. 막막하기만 앞으로의 생활을 도대체 어떻게 대비해야 할까?

이제 연봉제를 택하는 회사들이 많아지고 있고 그렇지 않은 회사들도 중간정산이라는 과정을 통해 퇴직금 부담을 줄여가고 있다. 과거에 퇴직금은 실직 시 실업자들이 실직기간 동안 지낼 수 있는 비상자금으로, 정년퇴직이나 50대 이후에 퇴직할 때 노후를 위한 대비책으로 그 역할을 하였다. 그러나 이제 정년퇴직은 아득한 옛 말이 되어 버렸고 퇴직금도 노후를 위한 대비책으로 제 역할을 하지 못하게 되어 버렸다.

또한 정부에서 얘기하는 국민연금은 너무나 아름다운 이상이다. 40년 가입자에게는 자기 평균소득의 60%를 대체할 수 있도록 기본설계가 되어 있다. 그렇다면 노후를 위한 준비는 성실하게 국민연금을 납부하면 끝나는 것이다. 그러나 너무 적게 내고 너무 많이 받도록 설계된 국민연금은 연금 납입자는 점점 줄어가고 연금수령

자는 점점 늘어가는 인구구조상 불가능한 일이다. 연금수령 시기는 점점 늦어지고(현재는 60세, 2033년에는 65세), 국민연금 납입액은 점점 늘어갈 것이고(현재의 9%에서 향후 17%까지 예상), 수령액은 점점 줄어갈 것이다.

물론 앞으로의 생활 즉, 노후에 있어서 최저 생계는 보장될 수 있을 것이다. 이미 고령화 사회에 진입한 우리나라이지만 한 일간지의 조사에 의하면 성인의 20%만이 은퇴에 대비한 계획이 있다고 답하고 있고 은퇴 이후에 생활할 충분한 자금을 준비하고 있는가라는 질문에 50대의 32%만이 그렇다고 대답했다.

현재의 30, 40대는 아마도 부모에 대해 경제적인 부담을 지는 마지막 세대일 것이라고 말해진다. 그래서 위의 조사에서도 은퇴 이후의 경제적인 준비를 반드시 해야 한다고 생각하고 있고 자녀들에게 기댈 수 있을 것이라고 생각하는 사람들은 아무도 없다. 문제는 막연하게 어떻게 되겠지 하고 생각하고 있는 사람들이 많다는 것이다.

노후준비를 얘기할 때 대부분의 사람들이 저축과 투자, 국민연금을 떠올리는데 재테크 전문가들은 현재로서는 개인연금저축이나 연금보험이 훌륭한 노후대책이며 연금상품은 일찍 가입할수록 절대 유리하다고 조언한다. 연금보험은 연금 지급기간이 정해져 있는 다른 금융권의 노후보장 상품과는 달리 생명보험의 연금보험은 종신토록 지급이 가능하다. 그리고 은퇴의 시기가 정해져 있지 않은 것처럼 연금을 수령하는 시기를 마음대로 조정할 수 있다는 장점이 있다. 만약 은퇴 후 자녀들이 유학을 간다든지, 결혼을 하게 될 때 연금을 특정시기 이후에 언제든지 수령할 수 있기 때문이다.

현재의 소득을 기준으로 볼 때, 현재 200만 원을 버는 사람이 얼마나 있으면 노후 생활이 가능한지 계산을 한다. 50% 정도(월 100만 원)가 필요하다면 일반적인 목표 은퇴시기가 시작되는 60세에 얼마가 필요한지를 물가상승률을 감안하여 계산한다. 인플레를 고려하면 45세의 경우 현재의 200만 원의 가치는 60세에 180만 원정도가 될 것이다. 그러면 월 180만 원을 확보하기 위해 지금 얼마의 연금 보험료를 내면 되는지를 계산하면 된다.

하지만 국민연금이 있고, 다른 자산이 어느 정도 있다고 생각할 때 월 360만 원 정도이면 풍요롭지는 않지만 안정적인 노후를 준비할 수 있을 것이다. 그리고 만약 이 자금을 10년 뒤에 준비하고자 한다면 무려 월 506만 원을 적립해 나가야 한다. 그래서 연금은 빨리할수록 유리하다는 것이다.

수명이 점점 늘어나는 시대에 연금보험은 보험료가 인상되는 영향이 평생 동안 미치므로 가정형편에 맞춰 소액이라도 항상 경험생명표 조정 전에 가입하는 것이 바람직하다. 우리나라도 2000년부터 65세 이상 노인인구가 7%를 넘어서 이미 노령화 사회(Aging Society)에 진입하였고, 2020년에는 노령인구가 14%를 넘어서 본격적인 노령사회(Aged Society)가 될 전망이다. 국민연금의 보험료 납입자 수는 감소하고 연금 수급자 수는 증가하여 지금도 불안전하기 짝이 없다. 그러므로 지금 50대 이하인 사람들의 노후생활은 거의 본인이 준비하는 사적 개인연금에 의존할 수밖에 없을 것으로 보인다.

그렇다면 연금 사망률이 인상되기 전 지금 바로 현재의 형편에 맞춰 연금보험에 가입하는 것이 현명한 방법이다. 그리고 여유가 생기면 추가로 가입하는 것이 좋다.

1. 보험권 노후연금

최소 연금개시 연령인 45세부터 다양한 연금개시 연령을 설정하여 필요한 시점에 노후 생활자금이 수령 가능한 상품이다. 노후 생존에 필요한 연금을 충족하기 위해 납입보험료가 클수록 연금 지급률이 높아지는 형태로 설계되어 있다. 이 상품에는 3가지 종류가 있다.

먼저 확정 연금형은 연금지급 개시시점의 적립액 기준으로 연금지급 기간에 따라 계산하여 연액 지급하는 상품으로 연금지급 기간은 5년, 10년, 20년 중 선택 가능하다.

둘째, 상속 연금형은 연금지급 개시시점의 적립액 기준으로 계산한 연금액을 피보험자 생존 시 종신지급하며 피보험자 사망 시 사망시점의 적립액을 상속인에게 지급한다.

셋째, 종신 연금형은 연금지급 개시시점의 적립액 기준으로 계산한 연금액을 피보험자 생존 시 종신지급하는 상품으로 최저 10회 지급을 보증한다.

2. 일시납 즉시 연금보험

이 상품은 가입 후 10년이나 20년씩 기다려야 연금을 받았던 기존 연금과 달리 가입 즉시 매월 또는 매년 연금을 탈 수 있다. 그 동안 나이 때문에 보험가입을 외면당했던 고연령층만 가입할 수 있는 실버 세대 전용 상품이다. 최저 가입금액은 1,000만 원이며, 가입은 최저 50세부터 최고 85세까지 가능하다. 보험사와 연금수령 방식에 따라 가입이 가능한 연령이 다르다. 금리도 연 3%~6.5%가

보장된다. 또 7년 이상 연금을 수령하면 이자 소득세가 면제된다. 이 상품은 연금 지급형태에 따라 확정 연금형(10년, 15년, 20년) 외에 종신 연금형과 상속 연금형이 있다. 종신 연금형은 종신토록 매월 연금을 받는 형태로 장수할수록 유리하며, 연금 보증 기간인 10년 이내 사망할 경우엔 유가족에게 잔여 기간만큼 연금을 지급한다. 상속 연금형은 보험기간(10년, 15년, 20년) 동안 가입한 목돈의 이자를 매월 연금으로 받고 만기에는 처음 가입한 목돈을 상속자금으로 다시 찾아가는 방식이다. 보험기간 중 사망하면 보장성 보험금 1,000~2,000만 원과 남은 연금지급 준비금을 받을 수 있다.

3. 노인들은 즉시 연금신탁을 활용하라

하지만 이미 50대, 60대에 들어서 개인연금 가입시기를 놓쳤다면 다른 방법을 모색하는 것이 좋다. 이런 사람의 경우 목돈을 한꺼번에 넣은 뒤, 매달 원리금과 이자를 받을 수 있는 '즉시 연금신탁'을 활용한다. 즉시 연금신탁이란 1,000만 원 이상의 목돈을 넣은 뒤, 바로 매달 연금을 받을 수 있게 만든 신탁 상품이다. 미처 노후 준비를 하지 못한 노인들에게 알맞은 연금상품인 셈이다. 이 상품의 장점은 신탁상품이면서도 1인당 5,000만 원까지는 예금자 보호법에 의한 보장을 받는다는 것이다.

또 은행이 투자를 잘못해 원금에 손실이 났다면 거래은행에서 원금을 보장해주는 원금보장 신탁상품이라는 점도 장점이다. 주식이나 일반 채권 간접투자 상품은 투자를 잘못해 원금 손실이 발생했을 경우 가입한 고객이 전적으로 책임을 져야 하지만, 즉시 연금신탁은 최소한 원금은 보장받을 수 있다는 점에서 뛰어난 안정성을 자랑한다.

55세 이상인 여자와 60세 이상인 남자는 6,000만 원까지 세금우대(세율 10.5%)로 가입할 수 있으며, 65세 이상인 노령자는 이자 소득세가 완전 면제되는 생계형 저축으로 2,000만 원까지 추가 가입이 가능하다. 목돈을 한꺼번에 넣은 뒤 매월 또는 3개월, 6개월, 연 단위로 연금이 지급되므로 자신에게 맞는 방식을 선택하면 된다.

금융기관의 개인연금 상품에 관심을 가져라

공기업에 다니는 김 부장은 맞벌이 부부이다. 두 부부에게는 소박한 꿈이 있다. 열심히 일하고, 퇴직한 후 국민연금과 퇴직금으로 생활하고 그 동안의 저축과 부동산은 장학회를 만들어 기부할 생각이다. 하지만 국민연금의 구조적인 문제로 국민연금으로 받을 예상금액을 100%에서 50%로 수정하기로 하고 노후대비자금을 개인연금 등으로 늘릴 계획이다.

최근 들어 우리나라 인구는 급격하게 노령화되고 있다. OECD의 '2001년 한국경제보고서'에 의하면 한국의 인구 노령화 속도는 OECD 국가 중에서 가장 빠르다고 한다. 이는 인구 노령화가 매우 빠르게 진행되므로 노령화에 대한 대책을 시급히 강구해야 함을 시사한다. 개인연금은 퇴직 후 노후자금 마련을 위한 수단으로 사회

보장제도의 보조적 역할을 수행하기 위하여 도입된 제도로 최소 가입기간이 15년 이상인 장기 상품이다. 개인연금에 가입한 대부분의 사람들은 지급되는 연금액으로 노후생활이 가능하다고 믿고 있지만, 개인연금은 실적 배당 상품이므로 가입 시의 수익률이 보장되는 것이 아니며 운용실적이 저조할 경우는 결국 가입자가 피해를 보게 된다.

최근 금융감독위원회는 은행, 보험, 투신회사 등이 취급하는 개인연금의 수익률을 공시하도록 하였다. 개인연금은 장기 상품이므로 특히 운용 수익률이 중요한데 금융기관별로 1%포인트 정도의 차이가 나기도 하며 이때는 장기 상품이므로 1%포인트의 차이가 결국엔 엄청난 차이를 가져오게 된다. 같은 금액을 납입하였어도 금융기관별로 향후 수령하게 될 연금액에 큰 차이가 날 수 있는 것이다. 따라서 개인연금에 가입할 때는 금융기관의 우량도와 과거의 수익률 성적을 확인해 보고 안정적으로 수익률을 유지하는 회사를 선택하는 것이 중요하다.

또한 기존에 가입한 개인연금은 2001년 초부터 금융 기관간의 계약이전이 가능하다. 절차도 간단한데 옮기고자 하는 금융기관에 가서 통장을 개설하고 기존 금융기관에서 계약이전 신청을 하면 된다. 그러므로 가입하고 있는 개인연금의 수익률이 저조하거나 안정적인 운용에 의심이 가면 타 금융기관으로 옮기는 것도 권장할 만

하다. 주의할 점은 2000년 6월 이전에 가입한 상품은 장부가 평가 방식이지만 계약이전을 할 경우는 시가 평가상품으로 바뀌기 때문에 향후 금리변동을 고려하여 계약이전 여부를 결정해야 한다. 수익률 차이가 근소하면 장부가 상품은 그대로 유지하는 것이 바람직하다.

한편 2001년 2월부터 판매된 연금저축은 소득공제액이 연간 납입액의 100%(최고 240만 원)까지 확대되어 소득공제혜택이 커졌으나 중도해지 시에는 중도해지 수수료 등의 불이익이 커서 원금에 손실을 입는다. 따라서 연금저축을 가입할 경우는 절세 목적이 아닌 노후를 대비하기 위한 상품으로 만기까지 유지하는 것이 중요하다.

1. 은행의 新 개인연금신탁

은행의 신 개인연금신탁은 실적 배당형이어서 펀드 운용결과에 따라 수익률이 달라진다. 그러나 원금에 손실이 난 경우 투자원금을 은행이 보장해 준다. 연금신탁은 채권형과 주식형(안정형)의 두 종류가 있다. 채권형은 주식에 투자하지 않고 채권, 채권 관련 파생상품, 대출 등에 100% 운용하는 상품이다. 일부 은행에서 펀드 금액의 10%까지를 주식에 투자할 수 있는 주식형(안정형)을 취급하고 있다. 연금 적립기간이 끝날 때 적립 누계액이 120만 원 이상일 경우에 한해 연금을 지급한다. 투자자는 적립기간 중 1회에 한해 연금

신탁 펀드간에 전환을 할 수 있다.

2. 보험의 新 개인연금보험

보험권의 연금보험은 크게 확정 금리형과 변동 금리형으로 구분된다. 확정 금리형은 금리가 변해도 일정한 원리금을 보장해 주는 상품이고 변동 금리형은 최저 연 4%는 보장하는 조건으로 시중의 실세금리를 반영하는 것이다. 은행권의 연금신탁이 원금만 보장하는데 비해, 보험권의 연금보험은 원금은 물론 일정액의 이자를 보장해 준다. 보험사들이 파산하는 경우에도 정부가 5,000만 원까지 원리금을 보장해 준다. 재해사망 특약, 재해상해 특약 등을 선택하면 위험 보장 기능도 가능하다.

은행권 연금신탁은 자유롭게 납입할 수 있지만 연금보험은 정액 납입만 가능하다. 확정연금형(5년, 10년, 20년)과 오래 살수록 연금 수령액이 많아지는 종신 연금형을 선택해 가입할 수 있다. 변동 금리형의 적용금리는 보험사마다 다르며, 수시로 약관대출 이율에서 일정한 이율을 차감한 금리가 적용된다.

3. 투자신탁의 新 개인연금 투자신탁

투신사의 신 개인연금 투자신탁은 채권형, 국공채형, 주식형, 혼합형 등 4가지로 구분된다. 채권형과 국공채형 상품은 주식을 편입하지 않으며, 전체 자산의 60% 이상 95% 이하를 채권에 투자한다. 다만 국공채형은 50% 이상을 국공채에 투자한다. 주식형은 자산의 60% 이상을 주식으로 운용하며 혼합형은 자산의 60% 이하를 주식에 투자한다. 주식투자는 고수익을 낼 수 있는 장점이 있는 반면, 원금에 손실이 날 가능성이 있으며 이 경우 원금을 보전해 주지 않는다. 투신 회사들은 신 개인연금 펀드의 경우 매년 두 차례 여러 종류의 개인연금 펀드간의 전환을 허용하고 있다.

투자와 보험을 하나로, 변액연금보험

변액보험은 인플레의 영향에 따른 생명보험 급부의 실질가치 하락에 대처하기 위해 개발된 상품이다. 미국같은 경우 1970년대에 도입되어 이후 주식시장의 활황과 더불어 급격히 신장하였으며, 일본에서는 1980년대 후반에 도입되었다.

변액보험이란 계약자가 납입하는 보험료 중 저축 보험료를 따로 분리하여 주식이나 국채, 공채, 사채 등에 투자하여 그 투자 수익을 계약자의 환급금(해약 환급금 또는 만기 환급금)에 반영하는 한편, 투자수익의 성과에 따라 보험금 지급사유 발생시 지급되는 보험금 액이 변동되는 보험을 말한다. 종신보험에 한해 취급하였지만 변액 연금도 2002년 10월부터 판매하게 되었다.

변액연금 또한 영업 보험료에서 사업비와 위험 보험료 등을 제외한 금액을 채권이나 주
식 등에 투자하고 운용
실적을 계약자에게 연금
형태로 지급하는 것을
말하며, 실적배당 상품
으로 원금을 보장하지
않는 것이 원칙이지만
기본적으로 보험 상품에
해당하기 때문에 투자실
적에 관계없이 계약자가
낸 보험료를 최소연금
지급재원으로 활용한다.

　변액보험의 장단점이라면 실적 배당형 상품으로 보험금 및 해약
환급금 등이 펀드의 운용실적에 따라 변하며, 위험을 동반한 장기
적인 고수익을 추구하는 상품이므로 일반계정이 아닌 특별계정을
설정하고 주로 유가증권의 장기적 상승을 겨냥해 자산운용을 한다
는 것이다. 그리고 손실에 대한 책임을 계약자가 부담한다는 것과
예금자 보호법에 의해 보호받지 못하지만, 인플레 대책의 구실을
수행하는 측면이 크다는 점도 있다.

　변액 보험의 유형은 다양한데, 책임 준비금(보험사가 향후 고객

에게 지급할 보험금과 해약 환급금 등을 미리 쌓아 놓는 것)의 늘고 줄어듦에 따라 같은 비율로 사망 및 만기 보험금이 증감하는 것, 책임 준비금의 예정이율(보험상품은 장기상품이라 판매 시 실제 시장 이율이 아닌 보수적으로 이율을 책정하는데 이를 예정이율이라 한다)과 실제이율과의 차액으로 동형의 보험을 더 사들여서 보험금액을 늘리는 것, 정액보험과 책임 준비금의 차액분 만큼 보험금액을 늘리는 것 등이다.

가장 주목해야 할 점은 회사의 경영 상태이다. 장기적인 투자 상품이므로 각 보험사가 제시한 내용을 살펴 안전하고 탄탄한 회사를 선택해야 한다. 또한 보험사의 자산운용 능력에 대해서도 잘 알아봐야 한다. 보험료를 굴리는 보험사의 펀드 매니저가 어떻게 관리를 하느냐에 따라 실적배당은 물론 원금의 손실도 있을 수가 있기 때문이다. 보험사들이 변핵보험의 수익률과 보험금 지급 예상액을 수시로 공개하므로 어느 보험사가 잘하고 못하는지를 쉽게 파악할 수 있다.

그리고 주식시장과 채권시장의 동향을 잘 살펴야 한다. 변액보험의 성공여부는 주식시장과 채권시장이 얼마나 활기를 띠느냐에 달려 있다고 해도 과언이 아니다. 계약 시 계약자의 투자성향에 따라 자산운용형태를 직접 선택할 수도 있으므로 자신의 투자성향에 적합한 펀드를 잘 선택하는 것이 중요하다.

특히 장점으로 부각되고 있는 고금리 선호의식의 충족과 보험금의 실질가치를 보전하고 계약자에 대한 금리선택의 폭을 확대할 수 있다. 그러나 투자실적이 저조할 경우 원금손실의 우려와 상품운용의 복잡성으로 인한 변동 보험금, 월 공제액, 사업비 등의 계약자 스스로가 수익률을 계산하는 것이 불가능하다는 위험을 내포하고 있는 상품임으로 투자에 한층 더 심사숙고해야 할 것이다.

【변액보험 비교】

구 분	변액보험	유니버셜	정액보험	신탁상품
사망보험금	변 동	변 동	고 정	-
부리이율	실적배당	공시이율	예정이율	실적배당
운용계정	특별계정	일반계정	일반계정	신탁계정
Risk 부담	계 약 자	회 사	회 사	계 약 자
보험료 납입	정액, 정기납	자유납입	정액, 정기납	자유납입

내 몸에 맞는 보험을 찾아라

W사에 다니는 정필요 씨는 여유 있는 생활을 즐기기 위해서 정 씨에게 일어날 수 있는 위험을 생각하니 참으로 많은 보험들이 필요하다는 것 실감하게 되었다.

우선 30, 40대 여성의 주된 보험에는 암, 성인병, 교통사고 등이 있다. 또한 이 나이대에는 여러 위험에 노출되어 있다. 만약 위암으로 진단이 확정되었을 때, 암으로 한 달 이상 입원치료를 할 때, 자궁암으로 인하여 수술을 해야 할 때에는 암 보험이 필요하다. 부인과 질환이나 심장질환으로 인하여 수술을 받을 때나 뇌출혈로 갑자기 쓰러졌을 때에는 건강 보험이 필요하다. 교통사고로 후유 장애가 있거나 사망할 경우엔 교통상해 보험이, 집에 화재가 났을 땐 주택화재 보험이 필요하다.

　또한 나이가 들면서 나타나는 또 다른 현상은 질병 발생률이 높아진다는 것이다. 따라서 사망보다는 질병 등에 의한 의료비 부담이 늘어난다. 질병 등에 따른 의료비와 관련한 준비는 의료비 관련 보험으로 우선 준비하는 것이 더 효과적이다. 의료비 보장은 남성보다는 여성이 더 장수하므로 여성이 더 철저하게 준비해야 한다. 일반적으로 여성은 독립적인 보험 가입보다는 부부형 등 종피보험자로서 보장을 받거나 아니면 저축성 보험 특약을 통해 보장을 받는 사례가 많다.

　안정적인 재정을 확보하기 위해서는 젊은 시절부터 계획을 세울 필요가 있다. 흔히 노후 생활자금으로 먼저 머리에 떠올리는 것은 퇴직금, 국민연금, 예금, 적금 등을 들 수 있다. 그러나 이러한 은퇴 시점에 자신에만 의존하면 자산 운용수익이 노후에 필요한 자금을 충당할 만큼 크지 않는 한 점차적으로 원금 규모가 축소돼 노후생활 중간에 자금이 바닥날 수도 있다. 따라서 정기적인 수입으로 유입될 수 있는 자금이 필요하며 이를 보전해 줄 수 있는 대비가 필요하다.

【내게 필요한 보험】

구 분	상 품	비 고
노후 생활비	– 개인연금보험 – 일시납 즉시 연금보험	– 종신형 선택가능 – 조기 해약 시 원금손실
의료비 보장	– 의료비 보장보험 – 건강보험	– 노후의 잦은 질병과 입원에 대비 – 발생 가능성이 높은 질병보험은 　별도가입 – 가능한 한 장기로 설계
사후정리자금과 상속자금	– 종신보험	– 장례비 등 사후 정리자금과 　상속자금으로 활용

30대의 재무 설계 시 고려사항

1. 재정설계는 일찍 준비할수록 좋다.

2. 현재 및 미래의 소득수준을 감안하라.

3. 위험에 대한 대비책을 고려하라.

4. 우량 금융기관을 선택하라.

5. 고령화 시대에 대비한 평생 계획을 미리 세워라.

6. 전 가족을 포함하여 종합적으로 설계하라.

7. 은퇴시기 및 은퇴한 후의 생활수준을 미리 가늠하라.

8. 금융자산 운용 시 절세상품을 활용하라.

종신 보험에 가입하라

대기업 과장인 김종신 씨는 동료들보다 일찍 진급했고 회사도 탄탄하지만 미래에 대한 불안감을 떨쳐버릴 수가 없었다. 7살짜리 아들과 1살짜리 아들이 자라고 있는 모습을 보고 있으면 자신에게 혹 불행한 일을 당했을 때 이들의 앞날이 걱정이 되어 종신보험에 대해 알아보기로 했다.

종신보험이란 글자 그대로 종신토록 평생 보장하는 보험으로 사고든지 아니면 천수를 다 누리고 사망하는 자연사든지 원인에 관계없이 사망과 동시에 약속된 보험금을 받게 된다는 것이 다른 상품과 뚜렷이 구분되는 특징이다. 많은 종신보험 가입자들은 '상품자체의 질이 좋은 것이 가장 큰 이유'이고, 가족의 안정된 생활을 보장하고 일어날 수도 일어나지 않을 수도 있는 위험보다는 일어날 확률 100%인 죽음에 대비하는 종신보험에 가입하기로 결심했다.

입사 10년째인 대기업 과장 김종신 씨는 전업주부인 부인과 7살, 1살짜리 아들 둘을 두고 있는 가장이다. 수입은 연봉 4,000만 원이며, 시가 1억2,000만 원짜리 아파트를 갖고 있으나 은행대출(4,000만 원) 이자 및 적금(2,000만 원) 납입을 위해 매달 70만 원을 지출하고 있다. 김 씨는 두 아이 모두 대학까지 보내고 29세에 결혼시킬 예정이며 노후에 일정한 생활자금을 받을 수 있기를 희망했다. 김종신 과장의 경우 주택을 보유하고 있어 주택구입자금은 필요 없으며 자녀를 대학까지 보내는 자녀교육비 및 결혼비용으로 2억5,000만 원 정도 필요할 것으로 예상했다. 마지막으로 가족의 최소 생활비를 월 100만 원으로 추산했을 때 김 과장의 자금은 모두 7억 원으로 계산된다.

그러나 보유 중인 자산으로 퇴직금, 국민연금, 적금 등을 합하면 1억3,000만 원이 있으므로 현아파트에서 계속 산다고 가정하고 5억7,000만 원의 자금이 필요한 것으로 계산했다. 김 과장의 월평균 실 수령액 300만 원에서 대출상환 및 적금납입에 사용되는 자금 70만 원을 제외한 230만 원을 가용재원으로 수입의 24%를 재테크에 투자할 것을 제안하였으며 다시 이 금액의 3분의 1 수준인 8%(18만 원)를 보험에 가입할 것으로 권유했다.

김 과장이 50세 이전에 사망 또는 1급 장해 시 김 과장 가족은 1

억5,000만 원의 보험금(주계약 5,000만 원+정기특약 1억 원)과 가족 생계비로 월 135만 원을 김 과장이 55세 되는 시점까지 수령하게 된다. 50세 이후 사망 및 1급 장애 시에는 5,000만 원의 보험금과 동일한 수준의 가족 생계비 혜택을 보게 된다. 만약에 김 과장이 70세 이전에 재해로 인한 사망이나 1급 장해 시에는 추가로 1억 원을 보장 받을 수 있다. 이를 위해서 김 과장이 납입해야 하는 보험료는 월 16만 원 정도이다.

은행에서 매달 16만 원씩 적금을 납입하는 경우 2억 원 정도의 자금을 마련하기 위해서도 40년 정도의 시간이 필요하나 종신보험은 가입함과 동시에 4억5,000만 원에서 5억5,000만 원의 자금을 마련하게 되어 필요자금을 준비하는 데 소요되는 수십 년의 시간을 벌 수 있게 되었다. 아울러 종합질병, 암보험 특약 등을 선택하여 가입할 경우 별도의 암보험이나 건강보험에 가입하는 경우보다 저렴한 비용으로 각종 질병 등으로부터 완벽한 보장을 받을 수가 있다. 원래 이 상품은 질병이나 재해로 사망하는 것보다 자연사하는 경우가 많다는 점에 착안한 상품으로 1990년대 초 외국계 보험사를 통해 국내에 처음 선보였다.

중소기업체를 운영하고 있는 김중소 사장은 상속세의 절세 효과를 보려고 종신보험에 가입하였다. 족히 15년은 사업체를 더 경영할 수 있는 나이지만 언젠가는 자신의 재산을 자식들에게 물려줄 것이어서 지금부터 상속세에 대한 고민을 하고 있다. 김 사장은 아들과 딸을 두고 있다. 아직 자녀들이 학생 신분이기 때문에 당장 재산을 나눠주기보다는 먼 훗날에 재산을 나눠주려고 한다. 액수는 아들과 딸 구별 없이 똑같이 5억 원씩이다. 그래서 자녀를 계약자와 수익자로 하고 자신이 피보험자가 되어 일시금으로 2억 원을 납입하는 종신보험에 가입했다.

김 사장이 납입할 종신보험료는 2억 원이다. 그러나 자신이 사망했을 때 자녀들은 5억 원씩의 보험금을 탈 수 있다. 사실 10억 원을 상속하는 셈이지만 세금은 2억 원에 대해서만 물게 된다. 3,000만 원까지는 상속세 없이 줄 수 있기 때문에 자녀들은 7,000만 원의 10%인 700만 원의 증여세를 내면 된다. 만일 현금 5억 원을 자녀들에게 증여했을 경우 9,000만 원을 증여세로 납부해야 한다는 것을 고려한다면 종신보험에 드는 것이 정세 효과도 보고 1억 원으로도

5억 원을 증여하는 셈이어서 일석이조의 이득을 얻을 수 있는 것이다. 또한 상속 재산이 50억 원을 넘어서면 보험에 들지 않는 자녀들은 10억 원 가량의 세금을 더 내야하기 때문에 절세효과는 더욱 커진다.

이렇게 종신보험은 개개인의 라이프 사이클에 맞춰 보험을 설계하고 사망원인과 무관하게 보험금을 지급하는 것을 기본으로 한다. 또 암이나 질병, 재해, 상해, 정기 등 특정보장을 원하는 경우에 관련특약을 추가해서 보험을 구성한다. 또 계약자의 재정상태 변화에 따라서 납입하는 보험료와 보험금을 재조정할 수 있다. 한 번 더 말하자면 종신보험은 생활에 필요한 각종보험을 하나로 묶은 것이라 말할 수 있다.

따라서 사망원인에 관계없이 보험금을 받을 수 있다는 것과 보험금을 상속자금 즉, 상속세에 해당하는 금액만큼 미리 추정해 종신보험을 가입해두면 부동산 처분 등 번거로움 없이 보험금만으로 상속세를 납부할 수 있다. 또 자녀명의로 종신보험에 가입하면 합법적인 상속수단이 될 수 있다는 점도 종신보험이 가지는 인기 중의 하나이다.

여행할 땐 여행보험을 계획하라

윤원형, 정난정 씨 부부는 자녀들의 여름 방학과 여름 휴가철을 앞두고 마음이 바쁘다. 금년에는 특히 두 부부가 결혼 20주년 및 직장 근속 20주년을 맞이하여 함께 부부동반으로 3주 동안 캐나다와 미국일대 해외여행을 앞두고 있기 때문이다. 두둑한 상여금을 받았고 또한 해외여행을 위해 2년 전부터 불입해온 자유 적립식 외화예금(만기 수령액 2만 달러)이 만기가 지나 있는 상태이다. 우여곡절 끝에 비행기 편 예약이 되고 비자발급이 되어 출발하게 되었는데, 여행 시 사고가 나면 어떻게 하나 하는 걱정이 들게 되었다.

보험의 필요성은 위험(risk)이 증가함에 따라 이러한 위험이 자신에게 발생한 후 경제적으로 상쇄할 수 있는 보장 장치를 마련해

주는 역할을 한다. 여행은 자신의 위험을 대체적으로 증가시킨다. 2001년부터 출국하는 내국인 수가 급증하였다고 한다. 2000년 10월 기준 법무부 출입국 관리국에 따르면 2000년 9월까지 437만 7,000여 명으로 지난해 같은 기간보다 약 27.7%가 증가했다고 한다. 이러한 추세라면 IMF 관리체제 이전인 1997년의 527만 명보다 12%, 직후인 1998년 보다 약 74.3%가 증가할 것으로 예상하고 있다고 한다. 또한 여권발급은 2001년에 약 220만 건으로 건국 이래 최대의 발급건수라고 외교부에서 밝히고 있다.

이처럼 불황기에도 좀더 나은 생활을 꿈꾸는 세태변화와 더불어 호연지기를 키우려는 여행자의 숫자는 더욱더 늘어 날 것이며, 여행 시 필수 불가결한 여행자 보험을 효율적으로 활용하는 것은 우리가 아주 손쉽게 할 수 있는 방안일 것이다.

첫째, 신용 카드 회사의 서비스를 적극 활용한다.

1997년 대한항공 여객기 괌 추락사고 시 약 80% 이상이 여행자 보험에 가입한 것으로 알려졌다. 이후 여행자 보험에 대한 관심은 더욱 커졌다. 국내 신용 카드 발급건수가 2000년 기준 약 5,200만 장이라고 한다. 국민 1인당 1개 이상의 카드를 소지하고 있다는 단순 계산이 나온다. 그렇다면 현대를 살아가는 대부분의 성인들은 누구나 최소 하나쯤은 소유하고 있는 신용 카드를 잘 활용함으로써 그 효용을 배가하여 경제적 이득을 취할 수 있다.

국내 신용 카드 회사 중 비교적 제한된 회원만을 엄선하여 영업하는 A카드 회사의 경우, 회원이 자사 신용 카드로 항공권을 결재할 경우 신용 카드 등급에 따라 최고 10억 원의 여행사고 보험에 무료로 가입시켜 준다. 더불어 여행사고보험 이외에 최고 100만 원을 보상한도로 하여 연결 항공편을 놓친 경우, 수화물이 늦게 도착한 경우, 분실된 경우 등의 원인으로 보험사고 발생 시 이에 대한 보상을 해주고 있다. 이 신용 카드 회사는 2000년 5월 중국 북경을 여행하던 중 사망한 회원의 수익자에게 약 2억 원의 사망보험금 등을 지급하는 것을 포함 2000년 지급 결정일 기준 약 38건에 대한 보험금을 지급하였다.

등급이 높은 신용 카드는 연회비를 많이 부담하는 만큼 이에 대한 활용을 철저히 할 필요가 있는데, 일부 카드회사의 경우 골드나 플래티늄 카드 등의 고등급 신용 카드 회원들을 대상으로 이러한 서비스를 실시하는 만큼 신용 카드 이용 시 사전에 이에 대한 정보를 파악해 둔다면 혹시 놓칠지 모르는 여행자 보험가입을 대체할 수 있고, 또한 여행 경비를 절감하는 경제적 효과를 가져올 수 있다. 이외에도 신용 카드 회사에서는 다양한 여행관련 부대 서비스를 제공하는 만큼 이를 효과적으로 활용하자.

둘째, 금융권의 부대 서비스를 활용한다.

최근 우리가 접하기 쉬운 금융 기관인 은행이나 투신사, 증권사 등의 경우 자사의 상품을 구입하면 보험에 가입시켜 주는 연계 서비스(co-promotion service)가 다양해지고 있다. 특히 여행자 보험과 관련하여서는 일부 시중 은행의 일선 영업창구에서 미화 1,000달러 이상의 현찰이나 여행자 수표 매입 고객에게 자동적으로 여행자 보험에 가입시켜주는 서비스를 시행하고 있다.

일부 시중 은행에서 시행하는만큼 기왕에 여행 등을 목적으로 환전할 경우라면 여러 환전 조건과 더불어 이 부분을 고려한다면 알뜰 여행을 위한 하나의 절약 수단이 될 수 있을 것이다. 또한 국내 일부 보험 회사에서 실시한 공짜 여행자 보험가입 등의 이벤트에 관심을 가져보는 것도 재미있을 것이라 생각한다.

셋째, 가족을 사랑한다면 여행자 보험을 잘 활용하라.

보험은 대부분 '가정의 우산으로써의 기능을 한다'는 것은 누구나 다 아는 사실이다. 여행만큼 기분전환과 여가활용을 위한 것을 찾기도 쉽지 않은 것 같다. 여행을 떠난다는 들뜬 마음에 자칫 사고 발생의 확률을 높일 수 있다. 이때 자신의 경제적 여력이나 관심 부족, 여타 여건이 문제가 되어 보험가입을 미루었던 사람이라면 여행 시 여행자 보험을 적극 활용하는 것은 어떨까 제안해본다.

여행자 보험은 크게 국내여행 보험과 해외여행 보험으로 나뉜다. 이때 발생하는 비행기사고, 질병치료, 상해치료, 각종 휴대품 훼손, 각종 여행 도중 우연한 사고로 발생한 타인의 신체나 재물의 멸실, 훼손 또는 오손에 따른 법률상 손해배상책임, 환자의 후송, 여행자가 현지에서 14일 이상 입원 시 보호자의 항공비 및 체류비 등까지도 보상한다.

보험료에 비해 비교적 단단한 보호 장치를 해주는 여행자 보험을 낭비라고 생각하는 것보다 국내외 여행 시에 잘 활용해보는 것이 바람직하다. 예컨대, 자녀의 수학여행이나 부모님의 효도관광 그리고 자신의 출장 시 그 기간만큼 가입하여 둘 필요가 있다.(예: 30세 남자가 강원도로 4박 5일간 출장갈 경우 – 보장내용: 상해사망 1억 원, 상해의료비 500만 원, 질병사망 2,000만 원, 질병치료 200만 원, 배상책임 1,000만 원, 휴대품 손해 100만 원) 이렇게 함으로써 혹시 나의 가족에게 찾아올지 모르는 불행한 사고로부터 미래의 경제적 소요자금을 확보하는 것이 버는 것만큼이나 잘 쓰는 현명한 돈 관리 요령이 아닐까 생각한다.

여행자 보험에 관련하여 다음의 사항에 유의해야 한다.

1. 과대광고에 현혹되지 말자. 자신이 필요성을 점검하고 결정하자.

일부 광고를 살펴보면, 패키지 여행 상품 등의 경우 여행자 보험 무료 가입 등을 내세우고 있다. 예컨대, 여행자 보험의 여러 보장내용 중 상해사망 및 후유 장해 시 1억원 지급이라는 문구를 내세운다면 이것에 안심하기보다 좀더 구체적으로 살펴보아야 한다.

가장 많이 발생하는 것 중의 하나가 휴대품과 관련된 사고이다. 배상책임, 특별비용, 질병치료비용, 상해치료비용 등 일상의 위험을 좀더 보장해야 하는 것이 소비자의 입장에서는 유리하다. 그러나 기업의 비용을 최소화하고, 홍보 효과의 극대화를 목적으로 사용되는 보험의 경우, 보험료 지출을 줄이기 위해 우리에게 실질적인 도움이 되는 보상 측면보다는 비교적 비현실적 측면의 광고문구에 더욱 비중을 두게 된다. 이 경우 좀더 현실적인 보장이 필요할 경우 별도의 여행자 보험을 가입하여야 하는 추가적인 비용 부담이 따른다.

2. 보험가입 기간을 어느 정도로 할지 정한다.

보험 계약자의 특별한 요청이 없는 한 여행자 보험의 책임개시는 요청일 16시부터 종료일 16시를 기준으로 산정된다. 그러나 자신의 출국시간이 예를 들어 13시라고 하자. 그러면 다음과 같은 문제가 발생된다. 많은 여행자들이 이 부분에 대하여 잘 알지 못하고 지나치는 경우가 많은데, 여행자 보험의 보장기간은 여행을 목적으로 자택에서 출발 시부터, 귀국 후 자택에 도착한 시까지 보장이 이루어진다. 그렇다면 위 사안에서 공항까지 도착을 위해 약 11시에 출국하다 사고가 발생하면 無보험 상태가 된다. 이러한 경우를 대비해서 시간을 특정한 후, 보험 회사에 연락하여 無보험상태로부터 자신을 보호할 수 있는 방안을 강구하자.

3. 각종 배상 책임 등의 발생시 해외 여행자 보험 약관을 잘 읽고 대처하라.

실제로 외국에서는 목욕 중 욕조에서 물이 넘쳐 호텔 객실 카페트가 손상되었을 경우, 가로×세로의 길이를 따져 그에 따른 보상을 했다는 실례도 있다. 이처럼 국가마다 다른 관습과 문화로 인하여, 타인의 신체나 재물의 멸실, 훼손 등에 따른 법률상 손해배상 책임 문제가 발생하는 경우가 있다. 또한 여행 휴대품을 분실하거나 도난 당하는 경우 등도 있는데 이러한 경우 보험 가입 시 보험약관 등에 부착 또는 지급된 사고접수서 등을 현지 경찰서나 확인자에게 반드시 받아 놓아야 귀국 후 보상 문제를 원활히 해결할 수 있다.

질병으로 병원에 입원하거나 수술로 인하여 예기치 못한 경제적 소요자금이 필요할 경우가 발생한다. 이 경우 소지한 현금이 적다고 불안에 떨지 말라! 해외 여행자 보험에서는 현지 병원비에 대한 치료비 지불보증을 통하여 보험가입 범위 내에서의 발생 급부금을 보험사가 대신 지급하기 때문에 무료로 진료가 가능하다.

휴대품 분실 등의 경우 보험사마다 차이가 있으나 약 200만 원 정도를 최고 한도로 보상한다. 따라서 휴대품의 경우 분실 시 모두 변제되는 것은 아닌 만큼 각별한 주의를 요한다.

위의 경우 등에 있어 국내에서도 당황하기 쉬운데, 하물며 외국에서 언어와 그 나라의 각종 제도에 익숙하지 않아 많은 불편이 따른다. 이때 보험회사와 비상대기 센터와의 제휴를 통해, 무료 전화를 통하여 한국어 및 현지어로 현지 병원에 대한 안내, 전화, 진료, 예약 등등의 서비스를 제공한다. 따라서 이러한 사고발생시 보험증권 상에 기재된 각종 SOS 서비스의 전화 및 각종 여행정보 등을 활용하라. 또한 가입 시 해외 현지 보상망과 각종 부대 서비스망이 어느 정도인가를 비교해보는 것도 보험가입 전에 잘 고려해보아야 한다.

PART 6

자녀에게 돈 교육을 시켜라

부모 돈은 내 돈이 아니다

　　사회 부적응, 멀쩡한 직장을 그만두고 컴백
홈. IMF 시절 대학가에서는 '캥거루 족' 이라는 말이 유행했다. '취
업 빙하기' 를 비켜가기 위한 수단으로 휴학을 하든 대학원에 가든
가급적 학생 신분으로 남기 위해 발버둥치거나, 졸업 후에도 취업
을 못한 채 계속 부모 신세를 지고 있는 사람을 가리키는 신조어였
다. 물론 대학생 취업난은 어제 오늘의 문제가 아니다. 문제는 '캥
거루 족' 이 일시적인 유행으로 끝나지 않고 장기화하고 있다는 사
실이다. 이들은 어른으로서 져야 할 책임을 회피하기 위해 무의식
적으로 성장을 거부하며 '피터팬 증후군' (Peter Pan Syndrome)을
보인다. 피터팬 증후군의 대표적인 행동양식이 바로 졸업 기피증이
다. 부모로부터 학자금을 지원받지 못할 정도의 형편이 아니라면,

휴학을 한 뒤 취업에 필수라는 어학연수나 배낭여행을 하는 게 관례다. 물론 비용은 대부분 부모 부담. 휴학한 만큼 졸업이 늦어지니 부모에게는 이중 고통이다. 아울러 지금 이런 추세가 계속되면 현재 386세대가 본격적으로 제2의 인생을 시작하는 무렵인 2020년 이후에도 자녀문제로 골치 썩을 일이 생길 확률이 무척 높다고 할 수 있다.

캥거루 족은 세계적인 추세다. 흔히 고등학교를 졸업하고도 부모 곁에 머무는 것을 수치스럽게 여기던 미국, 일본에서조차 요즘은 부모 곁을 떠나지 않는 '캥거루 족'이 수두룩해 사회문제가 되고 있다. 좋게 해석하면 가족 간의 유대감 강화라고 할 수 있지만, 속내를 들여다보면 경제적인 이유가 크다. 안락하고 풍요로운 부모 곁을 떠나 굳이 힘겨운 독립을 선택할 이유가 없어진 젊은이들이 등을 밀어도 둥지를 떠나지 않고 있는 것이다.

또한 부모의 재산에 대한 쓸데 없는 기대는 자립심을 무너뜨린다. 모 언론 보도에 따르면 대부분 유학생들이 한국의 부모로부터 생돈을 송금받고 있다고 한다. 학비와 생활비는 물론이고 여행경비, 심지어 유흥비까지 받는 경우도 있는 모양이다. 학위를 따기 위해 공부한다는 사람들이 일체의 유흥경비를 부모로부터 조달해 쓴다면, 도대체 그 학위가 무슨 의미가 있겠는가. 이렇게 부모 품에 안겨 자라고 공부한 고슴도치들이 무슨 독창적 아이디어를 담아내겠는가. 더 심각한 것은 이들에게 일할 의욕이 아예 없다는 것이다. 이는 자립심이 무너진 것이다.

그렇다면 앞으로도 더 심해질지 모를 이 현상을 지금부터라도 어떻게 대처해야 할까?

1. 어려서부터 돈 관리에 대한 금융 IQ를 만든다.

최근에는 매일경제신문을 중심으로 금융 IQ에 대한 인식을 제고하는 노력이 보이고 있다. 하지만 보통 우리나라 청소년들은 돈을 벌고 관리하는 일보다 입시공부에만 빠지게 되어 있다. 성장하는 동안 돈 관리와 돈 버는 법을 배울 기회가 없었기 때문이다. 사실 이런 차원에서 보면 부모들의 돈과 관련된 교육에 대한 시각이 편파적임을 알 수 있다. 자본주의 사회에서 어차피 필요한 '돈'을 쓰고 벌고 배울 수 있게 하는 것. 이것이 바로 금융 IQ를 높이는 길이고 선진국에서 말하는 진정한 현장 교육이다.

2. 부모들의 노후생활자금에 대해서는 한계를 분명히 한다.

장수의 시대로 접어든 만큼 그 누구도 노후자금이 충분하다고 장담할 수는 없다. 필수적인 비용인 노후자금에 대해서는 경계를 분명히 해야 한다. 자기자신도 부양 못 하는 자녀가 부모가 늙고 힘들게 되었을 때 부양할 수 있는 가능성이 과연 얼마나 높을까?

부모나 자녀 서로의 미래를 위해서 부모의 노후생활자금을 위한 집, 노후연금, 개인연금, 의료보험, 퇴직금 등의 생존형 자금은 절대 건드리지 못하도록 하여야 한다.

3. 예금 원금과 집도 노후를 위한 중요한 자원이다.

집과 예금 원금은 자식에게 꼭 물려주어야 할 재산이라고 생각하면 노후 대책에 대한 선택의 폭이 줄어든다. 이는 부모님에 대한 자녀의 의존도를 높여 자립의지를 약화 시키기도 한다. 자녀들한테 물려주려고 허리띠를 졸라매지 말자. 자녀에게 무조건 상속해 주어야 한다는 생각은 농경사회의 유산일 뿐이다.

자녀를 위해 돈 교육을 시켜라

보통 부모들은 자녀들과 돈에 관해 이야기하는
걸 꺼린다. 보통 자녀들은 부모가 어떤 일을 통해 어떻게 돈을 벌고
있는지 잘 모른다. 우리 사회에서는 돈에 관해 자녀들을 걱정시켜
서는 안 된다는 생각이 뿌리가 깊다. 하지만 이런 생각이 도움이 되
지 않을 수 있다. 부모가 돈 문제에 대해 자녀들을 가르치건 말건
어찌 되었든 간에 자녀들은 자연스레 돈에 관해 배운다.

예로부터 우리는 돈에 집착하는 모습을 매우 터부시해 왔다. 부모
는 어려서부터 돈 맛을 알면 안 된다며 자녀가 돈을 스스로 운용할
수 있는 여건을 허용치 않았다. 혹시 집안 어른들로부터 용돈을 받
을라치면 부모가 나중에 쓸 일이 있을 때 준다는 말과 함께 압수하
곤 했다. 이렇게 성장한 자녀의 경우 돈을 현명하게 사용하는 방법

도 또 돈의 중요성도 모르기 십상이다. 돈은 필요할 때 부모께 타서 쓰는 것이며 언제든지 부모는 자녀가 돈이 필요할 경우 돈을 주어야 한다는 유아적인 금전 개념을 유지하고 있기 때문이다. 모든 것을 부모에게 의존하도록 교육 시켰던 부모, 그리고 모든 것을 부모에게 의존했던 자녀, 그 자녀가 세상이 요구하는 돈의 개념을 잡아나가기 위해서는 아마 많은 시간과 시행착오가 걸릴 것이다.

그렇다면 예산을 세우고 실천하게 하는 것은 어떨까?

가정의 예산을 생각해 보자. 굳이 자녀에게 부모가 얼마를 소득으로 벌고 전체 가족이 얼마의 비용을 쓰는지 자세하게 알릴 필요는 없지만 전체적인 교육은 필요하다. 가끔 부모가 그들이 원하는 것을 사 주지 않는 이유를 자녀들이 알고 있는가? 자녀들이 단순히 부모가 변덕을 부리는 것으로 알고 있는가? 아니면 가족의 재정적 상황을 이해하기 시작함으로써 이따금 아주 특별한 장난감을 제외하고는 매번 유행하는 일시적인 소모품을 그때그때 모두 다 가질 수 없다는 사실을 터득하고 있는가?

전체 가족을 위한 기준이 필요해진다. 한 달 동안 오락 활동에 20만 원을 할당했다고 가정하자. 이 달엔 이미 거의 20만 원에 해당하는 비용을 소비했다. 하지만 자녀가 영화 관람료 5,000원을 추가로 달라고 요구한다면, 단돈 5,000원이라도 "미안하게 됐구나. 예산을 초과했단다."라고 말하여 예외를 만들기보다 규칙을 지킴으

로써 가족 모두를 위해 이익이 될 수 있는 것이다. 그렇지 않고 자꾸 예외를 만들다 보면 예산 그 자체가 쓸모가 없게 된다.

6살짜리 딸이 일주일에 5,000원씩 용돈을 받는다. 그 자녀는 종종 자신이 원하는 것을 사기 위해 용돈을 모은다. 75,000원에 상당하는 물건을 사기 위해 자녀는 주말마다 받는 용돈을 저축함으로써 자신이 이루고자 하는 목표를 위해 15주를 기다려야 한다. 이런 경우 자녀에게 있어 5,000원의 가치는 부모가 얼마의 비용을 들여서 가르칠 수 있는 것보다도 값진 것이다. 한편, 자녀가 선택할 수 있는 또 다른 상황이 있다는 걸 이해하도록 해 줌으로써 자녀는 다른 집안일을 찾아 별도의 용돈을 벌 수 있는 기회를 찾아 자신의 목표를 10주 안에 이룰 수도 있다.

흔히 아이의 금전교육을 위해서는 아이에게 주는 용돈을 많이 활용하곤 한다. 매월 일정액의 용돈을 아이에게 주고 그 한도 내에서 아이의 책임 하에 아이가 자유롭게 용돈을 운용하도록 한다. 그 용돈의 운용에 부모의 입장에서 기본적인 골격을 세워 주는 일은 결코 용돈 운용에 대한 아이의 자율성을 해치지는 않을 것이다. 용돈을 운용하는 데 대해 아이에게 몇 가지 원칙을 정해 주도록 하자.

용돈의 일정부분을 지금 당장 사고 싶은 것을 살 수 있는 용도로 배분하고 나머지 일정 부분은 단기간으로 몇 개월 정도 적립해 살 수 있는 물건을 사기 위한 저축의 용도로 활용토록 하며 나머지는 장래 자신의 대학교육을 위한 자금으로 적립하도록 방향을 잡아 주는 것은 어떨까. 당장 쓸 용돈이 부족하다면 용돈의 규모를 소폭 조정해 주면 될 것이다.

그리고 아이에게 장래의 희망이나 꿈을 이야기하게 시켜보고 그를 위해 얼마만큼의 비용이 들 것인가에 대해 알기 쉽게 설명해 주는 노력도 아이의 금전 교육을 위해 유용할 것이다. 또한 부모가 어떻게 일을 하며 한 달에 얼마만큼의 수입을 올리고 세금은 어느 정도 지불하는가를 급여 명세서를 보면서 설명해 줌으로써 아이에게 돈의 가치를 느끼게 해 줄 수도 있다. 어느 정도 성장한 아이에게는 용돈의 일부를 달러로 주어 그로부터 아이가 배울 수 있는 점들을 설명해 주고 아이 용돈의 일부와 부모 수입의 일부를 각각 적립하여 가족 공통의 이벤트 행사를 가져 보는 것도 괜찮을 것이다.

부모가 자녀에게 알맞게 용돈을 주는 것은 돈의 가치와 소중함을 가르치는 또 하나의 좋은 방법이다. 이는 자녀들에게 적어도 세 가지 측면에서 교훈적이라고 할 수 있다. 일을 함으로써 얻는 대가, 예산 유지 관리의 중요성, 재무적인 결정이 가져오는 학습 효과이다.

자녀들은 그들의 노력에 대해 물질적인 보상을 얻음으로써 일을 하고 얻을 수 있는 이익에 관해 배운다. 얼마를 벌었고 얼마를 썼는지 기록하고 통제함으로써 예산을 유지하는 것이 얼마나 중요한지도 배운다. 또한 쓰고 싶은 마음을 참고 저축함으로써 얻는 기쁨과 물건을 구입할 때 심사숙고하여 결정하는 방법을 경험함으로써 자신이 행한 재무적 결정이 어떠한 결과를 가져오는가에 관해 배울 수 있다. 용돈의 액수 보다는 어떠한 경로를 통해 얻게 할지, 어떤 식으로 용돈을 쓰도록 허락할지를 결정하는 것이 더 중요하다.

이상적으로는 정해진 집안일을 도움으로써 일정한 액수의 용돈을 주는 방법과 별도의 일을 했을 경우 별도로 용돈을 주는 방법이 있다. 전형적으로 각자 방을 정리 정돈하게 하거나 침대를 정리하는 일 등의 일상적인 집안일부터 저녁 준비를 도와 식탁을 차리고 자동차를 세차하거나 잔디를 깎는 일 등의 별도의 임무를 부여할 수 있다. 이런 식으로 자녀들은 별도의 노력을 기울임으로써 재무적인 보상을 받을 수 있다는 사실을 체험하고, 이런 체험은 자녀들로 하여금 동기를 부여하여 일찍이 일을 한다는 것에 익숙해질 것이다.

이왕 할 증여는 빨리 하라

미리 자녀에게 일정한 자금을 증여하고 자녀는 그 자금에 대한 증여세를 지불하면 시간의 화폐가치를 활용한 효과적인 증여가 가능하다. 이는 하루라도 빨리 시작하는 이점이 있다. 다음 표에서 보는 것처럼 부모의 초기 투자액은 해를 거듭할수록 복리로 이자가 계산되어 장기적으로 상당한 금액을 자금으로 모을 수 있다.

1. 미성년 자녀 증여세 면세점 1,500만 원에 대한 원리금

자녀가 태어나자마자 증여세 면세점 범위 내(10년 동안 1,500만 원)로 증여하고 10년 후에 다시 면세점인 원금 1,500만 원을 증여하게 되면 만 20세가 되면(연 수익률 5%가정) 모두 합해 64,232,885원이 됨을 알 수 있다. 즉, 증여세가 전혀 부과되지 않고 미성년 자

1,500만 원을 증여할 경우

수익률 경과년도	5% 연수익률 5%	6% 연수익률 6%	7% 연수익률 7%	8% 연수익률 8%	9% 연수익률 9%	10% 연수익률 10%
1년차	15,750,000	15,900,000	16,050,000	16,200,000	16,350,000	16,500,000
2년차	16,537,500	16,854,000	17,173,000	17,496,000	17,821,500	18,150,000
3년차	17,364,375	17,865,240	18,375,645	18,895,680	19,425,435	19,965,000
4년차	18,232,594	18,937,154	19,661,940	20,407,334	21,173,724	21,961,500
5년차	19,144,223	20,073,384	21,038,276	22,039,921	23,079,359	24,157,650
6년차	20,101,435	21,277,787	22,510,955	23,803,115	25,156,502	26,573,415
7년차	21,106,506	22,554,454	24,086,722	25,707,364	27,420,587	29,230,757
8년차	22,161,832	23,907,721	25,772,793	27,763,953	29,888,440	32,153,832
9년차	23,269,923	25,342,184	27,576,888	29,985,069	32,578,399	35,369,215
10년차	24,433,419	26,862,715	29,507,270	32,383,875	35,510,455	38,906,137
11년차	25,655,090	28,474,478	31,572,779	34,974,585	38,706,396	42,796,751
12년차	26,937,845	30,182,947	33,782,874	37,772,552	42,189,972	47,076,426
13년차	28,284,737	31,993,924	36,147,675	40,794,356	45,987,069	51,784,068
14년차	29,698,974	33,913,559	38,678,012	44,057,904	50,125,905	56,962,475
15년차	31,183,923	35,948,373	41,385,473	47,582,537	54,637,237	62,658,723
16년차	32,743,119	38,105,275	44,282,456	51,389,140	59,554,588	68,924,595
17년차	34,380,275	40,391,592	47,382,228	55,500,271	64,914,501	75,817,054
18년차	39,099,289	42,815,087	50,698,984	59,940,292	70,756,806	83,398,760
19년차	37,904,253	45,383,993	54,247,913	64,735,516	77,124,919	91,738,636
20년차	39,799,466	48,107,032	58,045,267	69,914,357	84,066,162	100,912,499
합계	64,232,885	74,969,748	87,552,537	102,298,232	119,576,617	139,818,636

녀에게 20년 간 64,232,885원을 증여할 수 있다는 이야기이다. 연수익률 10%로 계속 운용될 수 있다고 가정한다면 무려 139,818,636원이 증여세 없이 자산이전이 가능하다.

2. 증여세 면세점과는 별도로 5,000만 원정도를 증여하는 경우

증여세는 이렇게 계산한다. 5,000만 원을 증여하는 경우, 세율은

10%로 친다. 산출해보면 세액이 500만 원이며 3개월 이내에 신고하면 500만 원(산출세액의 10%)이 공제된다. 그러므로 납부할 세액은 450만 원이다. 결국 5,000만 원을 증여할 경우 세후 증여 금액은 4,550만 원이다.

여기에서 알 수 있듯이 시간의 화폐가치를 감안하여 되도록 빨리 증여하게 되면 이득이 된다고 할 수 있다.

5,000만 원을 증여할 경우

수익률 경과년도	5% 연수익률 5%	6% 연수익률 6%	7% 연수익률 7%	8% 연수익률 8%	9% 연수익률 9%	10% 연수익률 10%
1년차	47,775,000	48,230,000	48,685,000	49,140,000	49,595,000	50,050,000
2년차	50,163,750	51,123,800	52,092,950	53,071,200	54,058,550	55,055,000
3년차	52,671,938	54,191,228	55,739,457	57,316,896	58,923,820	60,560,500
4년차	55,305,534	57,442,702	59,641,218	61,902,248	64,226,963	66,616,550
5년차	58,070,811	60,889,264	63,816,104	66,854,427	70,007,390	73,278,205
6년차	60,974,352	64,542,620	68,283,231	72,202,782	76,308,055	80,606,026
7년차	64,023,069	68,415,177	73,063,057	77,979,004	83,175,780	88,666,628
8년차	67,224,223	72,500,087	78,177,471	84,217,325	90,661,600	97,533,291
9년차	70,585,434	76,871,293	83,649,894	90,954,711	98,821,144	107,286,620
10년차	74,114,706	81,483,570	89,505,387	98,231,087	107,715,047	118,015,282
11년차	77,820,441	86,372,584	95,770,746	106,089,574	117,409,401	129,816,810
12년차	81,711,463	91,554,939	102,474,717	114,576,740	127,976,248	142,798,491
13년차	85,797,036	97,048,236	109,647,948	123,742,880	139,494,110	157,078,340
14년차	90,086,888	102,871,130	117,323,304	133,642,310	152,048,580	172,786,174
15년차	94,591,232	109,043,398	125,535,935	144,333,695	165,732,952	190,064,792
16년차	99,320,794	115,586,002	134,323,451	155,880,390	180,648,918	209,071,271
17년차	104,286,833	122,521,162	143,726,092	168,350,821	196,907,320	229,978,398
18년차	109,501,175	129,872,431	153,786,919	181,818,887	214,628,979	252,976,238
19년차	114,976,234	137,664,777	164,552,003	196,364,398	233,945,587	278,273,862
20년차	120,725,046	145,924,664	176,070,643	212,073,550	255,000,690	306,101,248
합계	194,839,751	227,408,234	265,576,030	310,304,637	362,715,737	424,116,530

유언 신탁하기

나이가 젊을수록 자신의 재산을 빠짐없이 기재하여 만일의 사태에 대비하여야 한다. 예를 들어 자신의 예금이 5억 원이 있더라도 자신이 보증을 10억 원을 섰다면 만일 채무자가 부도가 난 경우 예금을 상속 받은 자녀에게 그 보증채무가 고스란히 넘어올 수도 있다. 이는 자신의 자산 부채 상황을 제대로 피상속인에게 알리지 못하였기 때문이다. 자녀들이 5억 원을 상속 받고 10억 원을 갚아야 한다면 부모로서 얼마나 원통할 것인가? 자녀에게 주고 싶은 부모된 마음에서 서류 한 장 작성하지 못해 수많은 재산을 허공에 날리는 것 또한 원통한 일일 것이다.

또한 가족간에 다툼 없이 화목하고 모두 큰 어려움 없이 지내기를 기대하는 것은 모든 사람들의 공통된 소박한 바람이다. 하지만

우리들 주변에서 심심찮게 재산상속 배분 문제로 피를 나눈 혈육끼리 아귀다툼이라고 해야 할 비극이 벌어진다. 한평생 일궈온 소중한 땀의 결실이 때로 남은 가족들에게 다툼과 상처로 남을 수 있다. 돌아가신 분의 입장에서 보면 얼마나 가슴 아픈 일일까. 차라리 남길 재산이 없는 경우에는 적어도 사랑하는 가족간에 재산권 분쟁이 일어날 일이 없는 까닭에 이런 비극은 지켜볼 여지가 없다.

유언상속은 법정상속에 우선하지만 법률에서 정하는 요건을 충족시키지 못한 경우 효력을 인정받을 수 없어 대부분 상속은 재산을 물려받게 되는 상속인과의 합의에 의해 이루어진다. 따라서 이러한 과정 중 다툼이 발생할 가능성이 높다. 그래서 주변에서 "돈이 피보다 진하다"라는 사실을 깨닫게 해주는 아귀다툼을 여러 번 목격하게 된다.

법정 상속에서는 배우자에게만 우선권을 주어 1.5의 비율로 상속을 인정하며 자녀는 장남, 차남, 출가녀 등 형제간의 구분 없이 각 1의 비율로 상속하도록 되어 있다. 유언은 자필 증서, 녹음, 공정증서, 비밀증서, 구수증서의 5가지 방식이 있으며 2인 이상의 증인과 작성 연월일이 기재되어야만 그 효력이 발생한다. 예를 들어 증인도 없이 혼자서 유언서를 작성하였다고 하면 본인이 직접 작성하였다고 할지라도 민법상의 요건을 충족하지 못하였다는 이유로 법적인 효력이 없게 된다. 이러한 점에서 유언 상속은 전문가의 도움을 필요로 한다.

그렇다면 유언은 어떻게 하며, 증인은 누가 될 수 있는가? 다음 법률을 참고한다.

1. 유언의 요식성(민법 1060호): 유언은 민법에 정한 방식에 의하지 아니하면 효력이 발생하지 아니한다.

2. 유언의 요식성(민법 1065호): 유언은 자필증서, 녹음, 공정증서, 비밀 증서, 구수증서의 5종으로 한다.

3. 비밀증서와 구수증서(민법 1069, 1070호): 비밀증서와 구수증서에 의한 유언에는 2인 이상의 증인이 유언장에 서명 날인해야 한다.

4. 증인의 결격사유(민법 1072호): 유언에 참여하는 증인은 유언에 의해 이익을 받을 자, 그 배우자와 직계혈족은 될 수 없다.

금융권에서는 '유언 신탁'이 이러한 유언상속과 관련된 문제해결과 여유자금 활용을 위한 상품으로 은행에서 발매 중이다. 이 상품의 주요 특징은 먼저, 이 상품 가입자들에게는 상속재산을 안전하게 운용해준다. 재산을 안전하게 운용하여 고객이 평소 원하는 대로 상속하도록 해주고, 필요에 따라 노후의 생활자금으로 활용하다가 상속할 수 있도록 운용한다.

둘째, 합법적으로 유언서를 작성하여 보관해준다. 은행과 제휴한 변호사를 통해 저렴한 비용으로 합법적인 유언서를 작성하여 은행의 내화금고에 안전하게 보관해주는 서비스를 제공한다.

셋째, 공정한 유언집행, 현금, 부동산, 유가 증권 등 모든 상속재산을 유언대로 공정하게 집행한다. 특히 조건부 집행의 경우 은행의 공신력에 바탕을 두고 정확하게 집행한다. 조건부 유언에 따라 미성년의 자녀가 성장할 때까지 재산을 장기간 관리한 후에 상속할 수 있도록 하고, 상속인이 장애인인 경우 평생 동안 생활할 수 있도록 재산을 관리하는 기능도 부여한다.

그리고 공신력을 갖춘 금융기관의 전문가에 의해 안심할 수 있는 선택을 하도록 자산운용은 개별계약에 의해 단독펀드로 이루어지며 최저 수탁금액은 자산운용만 위임할 경우 1억 원 이상, 유언 집행을 위임했을 경우 상속세 납부기준으로 평가금액 5억 원 이상(하나은행은 10억 원)이다.

이 상품은 수익자가 장애자인 경우 일정한 조건(1. 증여 받은 재산 전부를 신탁할 것 2. 해당 장애인이 신탁의 이익 전부를 받는 조건일 것 3. 신탁기간은 해당 장애인의 사망 시까지로 정할 것)을 충족 시 5억 원까지 상속세나 증여세가 면제되는 장점이 있다.

유언장 내용을 기초로 은행이 객관적인 입장에서 유언을 집행하므로 유언자의 뜻을 가장 잘 반영할 수 있고 상속 문제로 가족간에 발생할 수 있는 분쟁을 미연에 방지할 수 있다. 든든한 노후와 가족의 행복은 누구나 간절히 바라는 소망이다. 이 소망은 평상시 여러모로 세심한 배려가 이루어질 때 더 쉽게 이루어 질 수 있는 게 아닐까?

상속세율 체계

과세표준	상속세
1억 이하	과세표준의 10%
1억 초과	1,000만 원+1억 초과금액의 20%
5억 초과 10억 이하	9,000만 원+5억 초과금액의 30%
10억 초과 30억 이하	2억4,000만 원+10억 초과금액의 40%
30억 초과	10억4,000만원+30억 초과 금액의 50%

노후대비 돈 관리 요령 Final checklist

1. 집 평수를 줄이자.

나이 들어 집이 크면 청소하기만 힘들다. 자신의 금융자산이 적다면 부동산 등을 과감하게 처분하고 공기 좋은 곳으로 이사하자.

2. 금융 전문가와 상담하라.

실제로 금융 전문가의 상담을 통하면 어느 정도 불안이 해소될 수 있다. 금융 전문가라 해서 고금리의 안전한 상품을 무조건 아는 것은 아니나 최소한 자신이 생각하지 못한 것들을 하나씩 알려 줄 것이다. 티끌 모아 태산이듯이 지금의 포트폴리오를 다시 한번 점검해 보자.

3. 씀씀이를 줄이자.

자동차가 있다면 경차로 바꿀 것. 자신의 소비생활을 다시 한번 점검하자. 사실상 불필요한 지출이 분명히 있을 것이다. 예를 들어 담배를 피운다거나, 카드 수수료를 많이 낸다거나, 외식을 너무 자주 한다거나 하는 것들은 조금씩 줄인다고 행복에 금이 가지는 않을 것이다. 자녀에게 용돈을 주거나 손자들에게 과도하게 용돈을 주는 것을 조금 줄여도 무방할 것이다.

4. 매월 일정액의 이자를 주는 상품에 가입하자.

일단, 소일거리라도 수입이 있다면 수입을 합하여 생활비가 될 정도의 이자를 매월 지급하는 절세형 상품에 가입하자. 이런 상품으로는 은행권에서 간헐적으로 발행하는 후순위 금융채권 이자 지급식을 들 수 있다. 통상적으로 1년제 정기예금 이자보다 무려 2% 정도가 높다. 나머지 자산은 만기를 분산하여 고금리를 받을 수 있는 중장기형 상품으로 돌린다.

5. 건강에 아낌없이 투자한다.

건강은 잃으면 돈으로 살 수 없다. 보험은 만일의 경우에 대비해 경제적인 부담을 가볍게 해주는 것이지 잃어버린 건강을 되돌려 주지는 못한다. 주식투자에 실패하거나 부동산에 투자했다가 손해를 보는 경우가 있다. 다시 재기할 수는 있지만, 건강은 돈으로 다시 살 수 없는 한번 지나가면 돌아오지 않는 흐르는 물과 같다. 몸이 망가져 병이 들면 치료비도 부담이 가기 마련이다. 이에 대비하는 것이 바로 보험이라고 할 수 있다. 암보험, 여성보험, 종신보험 등 다양한 보험이 있지만 자신에게 알맞은 적절한 보험 상품을 택하는 것이 좋다. 하지만 결국은 몸을 돌보는 게 좋은 보험에 가입하거나 치료비를 많이 버는 것 보다 효과적인 돈 버는 방법이다.

나에게는 한 가지 즐거움이 있다. 바로 8년 동안 살고 있는 일산에서 서울로 매일 기차로 출퇴근하는 것이다. 사는 곳이 멀긴 하지만 주로 앉아서 가는 까닭에 아침에 별로 피곤하지 않다. 창가에 앉게 되면 춘하추동 계절의 변화도 음미할 수 있고, 피곤할 땐 눈을 붙이고 쉴 수도 있고, 또 책이나 신문을 볼 수도 있어서 나름대로 장점이 있다.

그 중 가장 큰 즐거움은 각 기차역에서 탄 지인을 만나 대화를 나누는 것이다. 예전에 내 고객 중 한 분이 쾌적한 생활을 하기 위해 이 곳으로 이사를 오셨는데 가끔 역에서 만나 함께 창가에 앉아 이야기를 나누곤 한다. 그는 나름대로 성공한 삶을 살았으며 제2의 인생 역시 성공적으로 설계했다. 도대체 그는 돈 관리를 어떻게 했기에 성공한 삶을 살았다는 건지 그 인생 이야기는 다음과 같다.

나름대로 성공한 제2의 인생

그의 나이는 올해 83세이다. 하지만 배낭을 메고 안경을 끼고 옷

음기 있는 모습은 영락없는 60대 초반이다. 그가 이렇게 이른 아침에, 그것도 일주일에 세 번 기차를 타는 까닭은 바로 출근을 하기 위함이다. 그는 현업 기술직 종사자인 것이다. 여든이 넘은 그에게 은퇴라는 말은 무색할 지경이다. 또 90세까지 일자리가 계속 대기 중이라고 한다. 아울러 내 고객이었기에 잘 알지만 자산관리에서도 성공한 편이다. 그는 상당한 재산이 있는 편이다. 이자만으로도 전혀 삶에 지장 없는 데도 매월 다니는 회사에서 고소득에 해당하는 급여를 받는다.

성공 비결 하나 – 남들이 알아주지 않아도 자신이 잘 하는 일로 묵묵히 한 우물을 팠다.

특별한 비결은 없다. 다만 해당 분야에서 대체 가능성이 적은 전문가로 꾸준히 일해 왔고 남들이 '심심하다', '어떻게 그렇게 재미없게 사느냐'고 할 정도로 일과 가정 그리고 건강관리 세 가지 축에만 전념해온 과거 시대의 이단아였다.

그는 기본기에 충실하게 생활했다. 일제 시대에 일본으로 건너가 전기전력공사와 관련 있는 기술학교를 다니며 일했다. 광복 이후에는 유명 국영기업에서 창설멤버로 참여한 후 남들이 알아주는 출세는 못했지만 부장급으로 55세의 나이로 정년퇴직했다. 그러고 나서 협력업체에서 기술담당 임원 자리를 돌아가면서 무려 28년째 하고 있는 것이다.

그는 주로 전력설비에 사고가 났을 때 기술적인 처리와 자문을 맡아 일을 했다. 또한 일본에서 전력 사고가 나면 현장에서 허드렛일인 뒤처리를 기술적으로 처리하였다. 그렇게 내내 현장에서 일을 하고 일을 개선하기 위해 연구하다 보니 대부분의 사람들이 일을 처리할 때 뒷마무리가 약하고 폼 나는 일에만 신경을 쓰는 게 보기에 안 좋았다. 그래서 남들이 꺼리는 까다로운 일을 즐겁게 배우는 자세로 일에 임했다고 한다. 그러다 보니 자연히 한국 기업문화의 특성상 전문성 있는 자리로 바꾸기가 어려웠고 따라서 출세하기도 역시 어려웠다. 하지만 그는 출세보다는 소신을 갖고 자기 일을 하는 것을 더 중요시한다. 그러다보니 존경하고 따르는 후배들이 많아서 일자리도 그런 후배들이 주로 제공한다. 참으로 부러운 일이다.

성공 비결 둘 – 월급을 받으면 먼저 저축하고 남은 돈으로 쓴다.
70년대까지 신용카드라는 것은 상상하기 어려웠다. 아울러 월급의 자동이체는 80년대 이후의 변화였다. 그는 일본에서 다닌 첫 직장에서 고참으로부터 한 가지 교훈을 배웠다. 아무리 어려워도 저축을 계획하여 반드시 실천하고 남은 돈으로 생활하는 것이었다. 그렇게 생활하는 것이 어렵고 힘든 일이었지만, 꾸준히 하다 보니 절약과 검소한 생활이 습관이 되었다.
급여는 넉넉한 편은 아니었지만 세금 없는 목돈 마련용 저축은 항상 가입했었다고 한다.

성공 비결 셋 – 일을 열심히 하다 보니 돈을 쓸 틈이 없었다.

빠듯하지만 저축을 제법 할 수 있었던 또 다른 비결은 일을 열심히 했다는 것이다. 야근수당도 벌 겸 야근을 자청하다보니 돈을 쓸 틈이 없었고 술, 담배, 외식을 하지 않으니 돈이 나가는 일이 거의 없었다.

성공 비결 넷 – 종자 돈을 일찍 마련한 것이 유리했다.

그리고 터득한 것이 종자돈을 마련하니 재산이 불어나는 속도가 날이 갈수록 빨라진다는 점이었다. 새로 나온 금융상품 중 금리가 유리한 상품에 제일 먼저 가입하고 나면 늘 도움이 되었고 또 꾸준한 유동성이 마련되다 보니 재산을 증식할 기회를 맞기가 쉬웠다는 것이다.

성공 비결 다섯 – 모르는 투자는 절대 하지 않는다.

그 시절에 돈을 모은 사람들에 비해 특별히 재테크를 잘 해서 거부가 된 편은 아니라고 하지만 최소한 중간 이상이라고 말하는 그는 결혼 후 약간의 여유자금으로 주식투자를 조금 했다가 손해를 봤다. 하도 속상해서 일도 잘 안되고 부인의 만류도 있어서 다시는 모르는 것에 투자하지 않기로 결심했다. 그리고 그 결심을 지켰다는 점이 매우 중요하다.

성공 비결 여섯 – 결혼과 내 집 마련은 되도록 일찍 한다.

그가 젊었을 때는 당연히 결혼을 일찍 하는 시대였다. 특히 그의 지론 역시 그게 가장 바람직하다는 것이다. 어차피 결혼할 것이라면 일찍 하는 게 여러 가지로 유리하다. 그래서 그는 자녀들에게도 이 부분을 강조했고 결과적으로 가장 큰 증손주가 현재 중학생이다. 그리고 나중에 수도권 인기 지역이 된다고 정부에서 권장하는 지역의 미분양 주택을 무이자 융자 등 혜택을 받으며 집을 장만했다. 자녀들에게도 그렇게 교육하여 가족 종합자산관리에 성공하게끔 했다. 물론 모두 다 말을 잘 듣는 편은 아니어서 그렇지 않은 자녀들도 있었다.

성공 비결 일곱 – 돈 버는 방법 중 가장 좋은 방법은 바로 건강 관리이다.

그는 건강 관리에 대해 힘주어 강조했다. 모임에서 직장 후배들에게 "얼마나 자기관리를 못하면 말이야. 요즘 70대의 젊은 것들이 벌써부터 치매에나 걸리고 말이야"라고 질타하셨다고 한다. 그러니까 4살 어린(79세) 어떤 후배 분이 "형님, 그만 좀 하세요. 왜 애들 기죽이고 그러세요?"라고 말려서 그만 두었다고 한다.

젊었을 때 몸 관리를 제대로 할 수 없으면 돈 관리든 뭐든 도루묵이다. 아무리 돈이 많아도 건강하지 않으면 수단을 위해 목적을 희생한 꼴이 되는 셈이라는 이야기이다. 건강관리는 추가적인 의료비

의 지출을 억제함과 동시에 주변 가족들에게 부담을 안 주는 최선
의 성공 비결이다.

30대에 꼭 알아야 할
돈 관리법 30가지

초판 1쇄 | 2003년 1월 10일
  10쇄 | 2004년11월 10일

엮은이 | 정경애, 임동하
펴낸이 | 장대환
펴낸곳 | 매일경제신문사
출판등록 | 1968년 2월 13일(No.2-161)

주소 | 100-728 서울 중구 필동1가 30번지
전화 | 2000-2611(출판)
       2000-2645(출판영업)
팩스 | 2000-2609
이메일 | publish@mk.co.kr

값 9,800원
ISBN 89-7442-248-4